中｜华｜国｜学｜经｜典｜普｜及｜本

山海经

〔战国〕佚名　著
王毅龄　译注

中国书店

图书在版编目（CIP）数据

山海经 /（战国）佚名著；王毅龄译注 . —北京：中国书店，2024.10

（中华国学经典普及本）

ISBN 978-7-5149-3399-4

Ⅰ . ①山… Ⅱ . ①佚… ②王… Ⅲ . ①《山海经》 Ⅳ . ① K928.626

中国国家版本馆 CIP 数据核字（2024）第 056936 号

山海经

〔战国〕佚名 著　王毅龄 译注

责任编辑：李宏书

出版发行：中国书店

地　　址：北京市西城区琉璃厂东街 115 号

邮　　编：100050

电　　话：（010）63013700（总编室）

（010）63013567（发行部）

印　　刷：三河市嘉科万达彩色印刷有限公司

开　　本：880 mm × 1230 mm　1/32

版　　次：2024 年 10 月第 1 版第 1 次印刷

字　　数：190 千

印　　张：9.5

书　　号：ISBN 978-7-5149-3399-4

定　　价：66.00 元

前言

《山海经》是我国现存最古老的经典著作之一，与《易经》《黄帝内经》并称为“上古三大奇书”。书中详细介绍了中华腹地的山川宝藏，保存了大量的神话资料，并涉及宗教学、天文学、地理学、动物学、植物学、医药卫生学等多个方面，可谓是包罗万象。

《山海经》全书共十八卷，记载了四十多个邦国、五百五十座山、三百条水道、一百多个历史人物、四百多个神怪异兽，而全书仅有三万多字，可谓是“麻雀虽小，五脏俱全”。更为难得的是，《山海经》中所记载的古代神话传说，在所有古代典籍中更是首屈一指。诸如夸父逐日、女娲补天、精卫填海等神话故事，在中国可谓是妇孺皆知。由此可见，《山海经》这本书对中华文化产生了深刻而久远的影响，开创了后世神话、寓言、童话的先河，不仅让自古及今的学者们不停地研读考据，更给普通读者带来神秘奇幻的艺术享受。

关于《山海经》的原作者、成书经过、问世年代及流传与演变的情况，一直以来都是众说纷纭，其中比较权威的说法是旧传《山海经》为夏时的大禹、伯益所作，近代研究者则认为其书成于战国初年到西汉初年，作者并非一人，而是由多人集体编撰而成。《山海经》的今传本最早是由西汉刘向、刘歆父子校刊而成，后来历朝历代有多位文人学者为其作注，从而出现了流传于世的多种版本。

《山海经》记述了辉煌的华夏文明，是中华文化宝库中值得人们永世珍藏的精品，是中外无数学者专家与普通读者朋友们公认的世界奇书。我们如果想要了解古代的山川大地、风物传奇、奇兽怪鸟、神仙魔怪、金玉珍宝等，不可不读《山海经》。但是，由于这部书年代久远，文字艰深难解，许多读者因为文字的障碍，不能饱览其全部风采。鉴于此，我们推出了这本书。本书原文经过仔细校勘，根据原文将全书译成白话文并加以注释，对生僻字加以注音，以方便读者阅读。

在现代纷繁复杂、物欲横流的社会中，以全新的眼光静下心来读一读《山海经》，一定会让我们获取知识、启迪心智、丰富想象、开拓视野，受益颇多。

目录

南山经第一

南山经之首曰䧿山[①]。其首曰招摇之山，临于西海之上，多桂，多金玉[②]。有草焉，其状如韭而青华[③]，其名曰祝余，食之不饥。有木焉，其状如穀而黑理，其华四照，其名曰迷穀[④]，佩之不迷。有兽焉，其状如禺[⑤]而白耳，伏行人走，其名曰狌狌[⑥]，食之善走。丽䴷之水[⑦]出焉，而西流注于海，其中多育沛[⑧]，佩之无瘕疾[⑨]。

【注释】

①䧿（què）山：传说中的山名。䧿，古"鹊"字。

②金玉：金，古代泛指金属矿石。玉，有光泽的美玉。

③华：同"花"。

④迷穀（gǔ）：古代一种木本植物，用其树皮造纸。穀，构树。

⑤禺（yù）：兽名，形似猕猴，赤目长尾，后人常猜测为猿类动物。

⑥狌（xīng）狌：一种人面兽，也有说就是猩猩。

⑦丽䴷（jǐ）之水：古水名。

⑧育沛：水中生长的一种植物。

⑨瘕（jiǎ）疾：腹中结块的病。

【译文】

南部山系的第一组山系叫䧿山。䧿山组的第一座山叫招摇山，这座山耸立在西海岸边，山上盛产桂树，还蕴藏着丰富的金属矿物和玉石。山上长有一种草，样子很像韭菜，开着青色的花朵，这种草的名字叫祝余，吃了它不会感到饥饿。山中长有一种树木，形状像构树，有黑色的纹理，它的光华照耀四方，这种树的名字叫迷穀，把它佩戴在身上就不会迷路。山中还有一种野兽，长得很像猿猴却有一对白色的耳朵，它有时匍匐爬行，有时像人一样直立行走，这种野兽的名字叫狌狌，吃了它的肉就可以行走如飞。丽麐之水从这里发源，向西注入大海，水中生有大量的育沛，人们如果佩戴它，就不会生腹中结块的病。

又东三百里，曰堂庭之山①，多棪②木，多白猿，多水玉，多黄金。

【注释】

①堂庭之山：古山名。

②棪（yǎn）：一种说法是乔木，果实像海棠果；一种说法是现在的苹果。

【译文】

再往东三百里，有座山叫堂庭山，山上生长着大量棪树，还有很多白色的猿猴，盛产水晶和金属矿物。

又东三百八十里，曰即翼之山，其中多怪兽，水多怪鱼，多白玉，多蝮虫①，多怪蛇，多怪木，不可以上。

【注释】

①蝮虫：古代的一种毒蛇，也叫反鼻虫。

【译文】

再往东三百八十里，有座山叫即翼山，这座山上有许多怪兽，水中有很多怪鱼，山里盛产白玉，有很多蝮虫和怪蛇，还有很多怪木，这座山险峻而不可攀爬。

又东三百七十里，曰杻阳①之山，其阳②多赤金，其阴③

多白金。有兽焉，其状如马而白首，其文如虎而赤尾，其音如谣[④]，其名曰鹿蜀[⑤]，佩之宜子孙。怪水出焉，而东流注于宪翼之水。其中多玄龟，其状如龟而鸟首虺[⑥]尾，其名曰旋龟，其音如判木，佩之不聋，可以为底[⑦]。

【注释】

①杻（niǔ）阳：古山名。

②阳：山南水北为阳。

③阴：山北水南为阴。

④谣：古代不用乐器伴奏的清唱叫“谣”。

⑤鹿蜀：传说中的兽名。

⑥虺（huǐ）：一种有毒的蛇。

⑦为底：为，治疗的意思。底，通“胝”，指手掌或脚底的厚茧。

【译文】

再往东三百七十里，有座山叫杻阳山，山南盛产赤金，山北盛产白金。山中有一种野兽，形状像马，脑袋是白色的，身上的斑纹像老虎，尾巴是红色的，吼叫的声音就好像人在唱歌，名字叫作鹿蜀，人穿戴上它的毛皮，可以使子孙繁衍不息。怪水从这座山发源，向东流入宪翼水。水中有大量暗红色的龟，形状像普通乌龟却长着鸟一样的头和蛇一样的尾巴，名字叫作旋龟，它的叫声像劈开木头时发出的响声，把它佩戴在身上就能使耳朵不聋，还可以治脚底的老茧。

又东三百里，曰柢山[①]，多水，无草木。有鱼焉，其状如牛，陵居，蛇尾有翼，其羽在魼[②]下，其音如留牛，其名曰鯥[③]，冬死而夏生，食之无肿疾。

【注释】

①柢（dǐ）山：古山名。

②魼（qū）：又作“胠”，就是鱼的肋骨部位。

③鯥（lù）：传说中的一种怪鱼。

【译文】

再往东三百里，有座山叫柢山，山中多水，没有花草树木。有一种鱼，形状像牛，栖息在山坡上，长着蛇一样的尾巴，有翅膀，翅膀长在肋下，鸣叫的声音像犁牛，它的名字叫鯥。这种鱼冬天蛰伏而夏天复苏，吃了它的肉人就不会得痈肿病。

又东四百里，曰亶爰[①]之山，多水，无草木，不可以上。有兽焉，其状如狸而有髦[②]，其名曰类，自为牝牡[③]，食者不妒。

【注释】

①亶爰（chán yuán）：古山名。

②髦（máo）：泛指动物头颈上的长毛。

③牝（pìn）牡：牝，鸟兽的雌性，这里指雌性器官。牡，鸟兽的雄性，这里指雄性器官。

【译文】

再往东四百里，有座山叫亶爰山，山上多水，没有花草树木，山势险峻，人不可以随便攀爬。山上有种野兽，它的形体像野猫，脑袋上有长毛，名字叫作类。这种野兽具有雄、雌两种器官，人们吃了它就不会产生妒忌之心。

又东三百里，曰基山，其阳多玉，其阴多怪木。有兽焉，其状如羊，九尾四耳，其目在背，其名曰猼訑[①]，佩之不畏。有鸟焉，其状如鸡而三首六目、六足三翼，其名曰鹇鸺[②]，食之无卧。

【注释】

①猼訑（bó shī）：传说中的一种野兽。

②鵸鵂（chǎng fū）：传说中的一种鸟。

【译文】

再往东三百里，有座山叫基山，山南面盛产玉石，山北面有很多怪木。山中有一种野兽，形状像羊，长着九条尾巴和四只耳朵，眼睛长在背上，它的名字叫作猼訑，人佩戴它的毛皮就不会产生恐惧。山中还有一种禽鸟，形状像鸡却长着三个脑袋六只眼睛，还有六只脚三只翅膀，它的名字叫作鵸鵂，吃了它的肉就会使人睡不着觉。

又东三百里，曰青丘之山，其阳多玉，其阴多青雘[①]。有兽焉，其状如狐而九尾，其音如婴儿，能食人，食者不蛊。有鸟焉，其状如鸠[②]，其音若呵[③]，名曰灌灌[④]，佩之不惑。英水出焉，南流注于即翼之泽。其中多赤鱬[⑤]，其状如鱼而人面，其音如鸳鸯，食之不疥[⑥]。

【注释】

①青雘（huò）：一种颜色很好看的天然颜料。

②鸠：斑鸠。

③呵（hē）：大声呵斥。

④灌灌：传说中的一种鸟。

⑤赤鱬（rú）：鱼名。

⑥疥（jiè）：一种传染性皮肤病，通常称“疥疮”。

【译文】

再往东三百里，有座山叫青丘山，山的南面盛产玉石，山的北面盛产青雘。山中有一种怪兽，形状与狐狸相似，长着九条尾巴，声音与婴儿啼哭一样，这种野兽会吃人，人们如果吃了它，就可以避免沾染妖邪之气。山中还有一种鸟，它的外形像斑鸠，声音像是人们在呵斥，它的名字叫灌灌，佩带这种鸟的羽毛就不会受到迷惑。英水从这座山发源，然后向南流入即翼泽。水中有很多赤鱬，它的形状与鱼一样，但是长着人的面孔，声音如同鸳鸯，吃了它就不会生疥疮。

又东三百五十里，曰箕尾之山，其尾踆[①]于东海，多沙石。汸水[②]出焉，而南流注于淯[③]，其中多白玉。

【注释】

①踆（dūn）：通"蹲"。

②汸（fāng）水：古水名。

③淯（yù）：古水名。

【译文】

再往东三百五十里，有座山叫作箕尾山，山的尾端盘踞在东海岸边，山上有很多沙石。汸水从这座山发源，然后向南流入淯水，水中有很多白色玉石。

凡䧿山之首，自招摇之山，以至箕尾之山，凡十山，二千九百五十里，其神状皆鸟身而龙首。其祠之礼：毛[①]用一璋玉瘗[②]，糈[③]用稌[④]米，白菅[⑤]为席。

【注释】

①毛：指祭祀所用的毛物，即猪、羊、狗、鸡等家养畜禽。

②瘗（yì）：埋。

③糈（xǔ）：祭神用的精米。

④稌（tú）：稻米。

⑤菅（jiān）：茅草的一种，叶片线形，细长，根坚韧，可做刷帚。

【译文】

䧿山山系，从招摇山到箕尾山，一共十座山，二千九百五十里。这些山的山神都长着鸟的身子龙的脑袋。人们祭祀的礼仪：将祭祀的牲畜和璋、玉一起埋在地下，祭祀用的精米是稻米，拿白茅来做山神的座席。

南次二山之首，曰柜山[①]，西临流黄[②]，北望诸毗[③]，东望长右。英水出焉，西南流注于赤水，其中多白玉，多丹粟[④]。有兽焉，其状如豚，有距[⑤]，其音如狗吠，其名曰狸力，见则其县多土功。有鸟焉，其状如鸱[⑥]而人手，其音如痺[⑦]，其名曰鴸[⑧]，其名自号也，见则其县多放士[⑨]。

【注释】

①柜（jǔ）山：古山名。

②流黄：流黄酆氏国和流黄辛氏国。

③诸毗（pí）：古代山名，也是水名。

④丹粟：细粒的丹砂。

⑤距：雄鸡、野鸡等腿的后面突出像脚趾的部分，这里指鸡足。

⑥鸱（chī）：指鹞鹰，一种异常凶猛的飞禽。

⑦痺（bēi）：类似鹌鹑的一种鸟。

⑧鴸（zhū）：古代传说中的鸟名。

⑨放士：被放逐的人。

【译文】

南方第二列山系的首座山叫作柜山，西边临近流黄酆氏国和流黄辛氏国，向北可以望见诸毗山，向东可以望见长右山。英水从这座山发源，然后向西南流入赤水，水中有很多白色玉石，还有很多细粒的丹砂。山中有一种野兽，形状像普通的小猪，长着一双鸡足，声音如同狗叫，它的名字叫作狸力，它在哪个郡县出现，那里就一定会有繁重的水力工程。山中还有一种鸟，形状像鹞鹰，长着人手一样的爪子，声音如同痺鸣，它的名字叫作鴸，是以它的叫声来命名的，它在哪个郡县出现，那个地方就会有很多人被流放。

东南四百五十里，曰长右之山，无草木，多水。有兽焉，其状如禺而四耳，其名长右，其音如吟[①]，见则其郡县大水。

【注释】

①吟：人呻吟时发出的声音。

【译文】

往东南四百五十里，有座山叫长右山，山上没有花草树木，但是有很多水。山中有一种野兽，形状像长尾猿，长着四只耳朵，它的名字叫作长右，声音就像人在呻吟，它在哪个郡县出现，那个地方一定会发大水。

又东三百四十里，曰尧光之山，其阳多玉，其阴多金。有兽焉，其状如人而彘鬣[①]，穴居而冬蛰，其名曰猾褢[②]，其音如斫[③]木，见则县有大繇[④]。

【注释】

①彘鬣（zhì liè）：猪身上刚硬的毛。

②猾褢（huái）：一种形状像人的怪兽。

③斫（zhuó）：用刀、斧等砍。

④繇（yáo）：通“徭”。

【译文】

再往东三百四十里，有座山叫尧光山，山的南面盛产玉石，山的北面盛产金属矿物。山中有一种野兽，外形像人，长着猪一样的鬣毛，居住在洞穴中，冬季蛰伏不出，它的名字叫猾褢，它的声音就像是砍木头时发出的声音，它出现在哪个郡县，那个地方就会出现繁重的徭役。

又东三百五十里，曰羽山，其下多水，其上多雨，无草木，多蝮虫。

【译文】

再往东三百五十里，有座山叫羽山，山下有很多水流，山上经常下雨，山上没有花草树木，有很多蝮虫。

又东三百七十里，曰瞿父之山，无草木，多金玉。

【译文】

再往东三百七十里，有座山叫瞿父山，山上没有花草树木，但有丰富的金属矿物和玉石。

又东四百里，曰句余之山，无草木，多金玉。

【译文】

再往东四百里，有座山叫句余山，山上没有花草树木，但有丰富的金属矿物和玉石。

又东五百里，曰浮玉之山，北望具区，东望诸毗。有兽焉，其状如虎而牛尾，其音如吠犬，其名曰彘，是食人。苕水出于其阴，北流注于具区。其中多鮆鱼[①]。

【注释】

①鮆（cǐ）鱼：刀鱼，这种鱼头长，大的能长一尺多。

【译文】

再往东五百里，有座山叫浮玉山，北边可以望见具区泽，东边可以看见诸毗水。山中有一种野兽，形状像老虎，长着牛的尾巴，声音如同狗叫，它的名字叫彘，这种野兽会吃人。苕水发源于浮玉山的北面，然后向北流注于具区。苕水中有许多鮆鱼。

又东五百里，曰成山，四方而三坛①，其上多金玉，其下多青雘。阘水②出焉，而南流注于虖勺③，其中多黄金。

【注释】

①坛：土台，用于祭祀的坛称祭坛。

②阘（zhuō）水：古水名。

③虖勺（hū shuò）：古水名，古人认为是南滹沱水。

【译文】

再往东五百里，有座山叫作成山，这座山呈四方形，像垒起来的三层土坛，山上盛产金属矿物和玉石，山下盛产青雘。阘水从这里发源，然后向南流入虖勺水，水中有很多黄金。

又东五百里，曰会稽之山，四方，其上多金玉，其下多砆石①。勺水出焉，而南流注于湨②。

【注释】

①砆（fū）石：武夫石，一种似玉的美石。

②湨（jú）：古水名。

【译文】

再往东五百里，有座山叫会稽山，这座山呈四方形，山上盛产金属矿物和玉石，山下盛产砆石。勺水从这座山发源，然后向南流入湨水。

又东五百里，曰夷山，无草木，多沙石，湨水出焉，而南流注于列涂。

【译文】

再往东五百里，有座山叫夷山，山上没有花草树木，有很多沙石，湨水从这座山发源，然后向南流入列涂。

又东五百里，曰仆勾之山，其上多金玉，其下多草木，无鸟兽，无水。

【译文】

再往东五百里，有座山叫仆勾山，山上盛产金属矿物和玉石，山下花草树木繁茂，山中没有飞禽走兽，也没有水流。

又东五百里，曰咸阴之山，无草木，无水。

【译文】

再往东五百里，有座山叫咸阴山，山上没有花草树木，也没有水流。

又东四百里，曰洵山，其阳多金，其阴多玉。有兽焉，其状如羊而无口，不可杀也，其名曰䍺[①]。洵水出焉，而南流注于阏[②]之泽，其中多茈蠃[③]。

【注释】

①䍺（huàn）：形状像羊的怪兽。

②阏（è）：湖泊名。

③茈蠃（zǐ luó）：紫色的螺类。

【译文】

再往东四百里，有座山叫洵山，山南面盛产金属矿物，山北面盛产玉石。山中有一种野兽，形状像羊却没有嘴巴，不吃东西也能活着不死，它的名字叫作䍺。洵水从这座山发源，然后向南流入阏泽，水中有很多紫色螺。

又东四百里，曰虖勺之山，其上多梓枏[①]，其下多荆杞。滂水出焉，而东流注于海。

【注释】

①枏（nán）：楠树，是珍贵的建筑材料。

【译文】

再往东四百里，有座山叫虖勺山，山上盛产梓树和楠树，山下盛产牡荆树和枸杞树。滂水从这座山发源，然后向东流入大海。

又东五百里，曰区吴之山，无草木，多沙石。鹿水出焉，而南流注于滂水。

【译文】

再往东五百里，有座山叫区吴山，山上没有花草树木，有很多沙子石头。鹿水从这座山发源，然后向南流入滂水。

又东五百里，曰鹿吴之山，上无草木，多金石。泽更之水出焉，而南流注于滂水。水有兽焉，名曰蛊雕，其状如雕而有角，其音如婴儿之音，是食人。

【译文】

再往东五百里，有座山叫鹿吴山，山上没有花草树木，有很多金属矿物和玉石。泽更水从这座山发源，然后向南流入滂水。水中有一种野兽，它的名字叫蛊雕，形状像雕鹰但是头上长角，声音如同婴儿啼哭，这种野兽会吃人。

东五百里，曰漆吴之山，无草木，多博石，无玉。处于海，东望丘山，其光载出载入，是惟日次。

【译文】

再往东五百里，有座山叫漆吴山，山中没有花草树木，盛产可以做棋子的博石，没有玉石。这座山靠近大海，在山上向东望是片丘陵，有忽明忽暗的光影，那是太阳停歇的地方。

凡南次二经之首，自柜山至于漆吴之山，凡十七山，七千二百里。其神状皆龙身而鸟首。其祠：毛用一璧瘗，糈用稌。

【译文】

南方第二列山系，从柜山起到漆吴山止，一共十七座山，七千二百里。这些山的山神都是龙的身子鸟的头。人们祭祀的礼仪：将祭祀的牲畜和玉一起埋在地下，祭祀用的精米是稻米。

南次三经之首，曰天虞之山，其下多水，不可以上。

【译文】

南方第三列山系的首座山叫天虞山，山下多流水，山势险峻，人不可以随便攀爬。

东五百里，曰祷过之山，其上多金玉，其下多犀、兕①，多象。有鸟焉，其状如䴔②，而白首、三足、人面，其名曰瞿如，其鸣自号也。泿水③出焉，而南流注于海。其中有虎蛟④，其状鱼身而蛇尾，其音如鸳鸯，食者不肿，可以已痔。

【注释】

①兕（sì）：这里指雌犀牛。

②䴔（jiāo）：古鸟名，比野鸭子略小。

③泿（yín）水：古水名。

④虎蛟：传说中的一种龙，也有的说是鲨鱼。

【译文】

往东五百里，有座山叫祷过山，山上盛产金属矿物和玉石，山下到处是犀、兕，还有很多大象。山中有一种鸟，形状像鸡，脑袋是白色的，长着三只脚，还长着人的脸，它的名字叫瞿如，它的叫声就是自己的名字。泿水从这座山发源，然后向南流入大海。水中有虎蛟，长着鱼的身子却拖着蛇的尾巴，声音如同鸳鸯叫，吃了它就不会得痈肿病，还可以治痔疮。

又东五百里，曰丹穴之山，其上多金玉。丹水出焉，而南流注于渤海。有鸟焉，其状如鸡，五采而文，名曰凤皇[①]，首文曰德，翼文曰顺，背文曰义，膺[②]文曰仁，腹文曰信。是鸟也，饮食自然，自歌自舞，见则天下安宁。

【注释】

①凤皇：同“凤凰”，古代传说中的鸟王。

②膺（yīng）：胸。

【译文】

再往东五百里，有座山叫丹穴山，山上盛产金属矿物和玉石。丹水从这座山发源，然后向南流入渤海。山中有一种鸟，形状像鸡，身上的花纹五彩斑斓，它的名字叫凤凰，它头上的花纹像“德”字，翅膀上的花纹像“顺”字，背上的花纹像“义”字，胸脯上的花纹像“仁”字，肚腹上的花纹像“信”字。这种鸟饮食十分从容自然，经常会自歌自舞，只要它出现，天下就会太平。

又东五百里，曰发爽之山，无草木，多水，多白猿。汎水[①]出焉，而南流注于渤海。

【注释】

①汎（fàn）水：古水名。

【译文】

再往东五百里，有座山叫发爽山，山上没有花草树木，有很多流水，还有很多白色的猿猴。汎水从这座山发源，然后向南流入渤海。

又东四百里，至于旄山之尾，其南有谷，曰育遗，多怪鸟，凯风[①]自是出。

【注释】

①凯风：南风。

【译文】

再往东四百里，就到了旄山的尽头，旄山的南面有一座峡谷，叫作育遗，峡谷中有许多怪鸟，南风从这座峡谷中吹出。

又东四百里，至于非山之首，其上多金玉，无水，其下多蝮虫。

【译文】

再往东四百里，便到了非山的顶部，山上盛产金属矿物和玉石，没有水，山下有许多蝮虫。

又东五百里，曰阳夹之山，无草木，多水。

【译文】

再往东五百里，有座山叫阳夹山，山上没有花草树木，到处是流水。

又东五百里，曰灌湘之山，上多木，无草。多怪鸟，无兽。

【译文】

再往东五百里，有座山叫灌湘山，山上树木繁茂，却没有花草。山中有许多怪鸟，却没有野兽。

又东五百里，曰鸡山，其上多金，其下多丹雘。黑水出焉，而南流注于海。其中有鲑鱼[①]，其状如鲋[②]而彘毛，其音如豚[③]，见则天下大旱。

【注释】

①鲑（tuán）鱼：古代传说中的一种怪鱼。

②鲋（fù）：鲫鱼。

③豚：小猪。

【译文】

再往东五百里，有座山叫鸡山，山上盛产金属矿物，山下盛产丹雘。黑水从这座山发源，然后向南流入大海。水中有一种怪鱼叫鲑鱼，形状像鲫鱼，却长着猪毛，叫声如同小猪在叫。它一出现，天下就会大旱。

又东四百里，曰令丘之山，无草木，多火。其南有谷焉，曰中谷，条风[①]自是出。有鸟焉，其状如枭[②]，人面四目而有耳，其名曰颙[③]，其鸣自号也，见则天下大旱。

【注释】

①条风：东北风。

②枭：猫头鹰一类的鸟。

③颙：传说中的一种鸟。

【译文】

再往东四百里，有座山叫令丘山，山上没有花草树木，到处是野火。山的南边有一个峡谷，叫中谷，东北风从这里吹出来。山中有一种鸟，形状像枭，却长着人脸，有四只眼睛和一对耳朵，它的名字叫颙，它发出的叫声就是自己的名字，它一出现，天下就会大旱。

又东三百七十里，曰仑者之山，其上多金玉，其下多青雘。有木焉，其状如榖而赤理，其汁如漆，其味如饴[1]，食者不饥，可以释劳，其名曰白䓘[2]，可以血[3]玉。

【注释】

①饴：用米和麦芽制成的糖。

②白䓘（gāo）：一种树木。

③血：这里用作动词，染的意思。

【译文】

再往东三百七十里，有座山叫仑者山，山上盛产金属矿物和玉石，山下盛产青雘。山上有一种树，形状像构木，有红色的纹理，枝干流出的汁液像油漆，味道像糖。人们吃了它就不会感到饥饿，还可以消除忧愁，它的名字叫白䓘，它是染玉的好材料。

又东五百八十里，曰禺稾[1]之山，多怪兽，多大蛇。

【注释】

①禺稾（gǎo）：山名。

【译文】

再往东五百八十里，有座山叫禺稾山，山中有很多怪兽，还有很多大蛇。

又东五百八十里，曰南禺之山，其上多金玉，其下多水。有穴焉，水出辄入，夏乃出，冬则闭。佐水出焉，而东南流注于海，有凤皇、鹓雏[①]。

【注释】

①鹓（yuān）雏：传说中的一种鸟，和凤凰、鸾鸟是同一类。

【译文】

再往东五百八十里，有座山叫南禺山，山上盛产金属矿物和玉石，山下有很多水流。山中有一个洞穴，春天水流入洞穴，夏天水从洞穴流出，冬天则闭塞不通。佐水从这座山发源，然后向东南流入大海，沿海一带有凤凰和鹓雏。

凡南次三经之首，自天虞之山以至南禺之山，凡一十四山，六千五百三十里。其神皆龙身而人面。其祠皆一白狗祈[①]，糈用稌。

【注释】

①祈：祈求，求福。这里是指向山神祈求、祷告。

【译文】

南方第三列山系从天虞山起到南禺山止，一共十四座山，六千五百三十里。这些山的山神都是龙的身子人的面孔。祭祀山神全部是用一条白色的狗作为供品祈祷，祭祀用的精米是稻米。

右南经之山志，大小凡四十山，万六千三百八十里。

【译文】

以上所记《南山经》中的山，大大小小总共四十座，一万六千三百八十里。

西山经第二

西山经华山之首，曰钱来之山，其上多松，其下多洗石[①]。有兽焉，其状如羊而马尾，名曰羬羊[②]，其脂可以已腊[③]。

【注释】

①洗石：古人说是一种在洗澡时用来擦去身上污垢的瓦石。

②羬（qián）羊：古代传说中的一种野兽。

③腊（xī）：这里指皮肤皲裂。

【译文】

西方山系的第一列山系是华山山系，首座山叫钱来山，山上有很多松树，山下有很多洗石。山中有一种野兽，它的形状像羊，长着马的尾巴，名字叫羬羊。羬羊的油脂可以用来治疗皮肤皲裂。

西四十五里，曰松果之山，濩水[①]出焉，北流注于渭，其中多铜。有鸟焉，其名曰螐渠[②]，其状如山鸡，黑身赤足，可以已㿗[③]。

【注释】

①濩（huò）水：古水名。

②螐（tóng）渠：古鸟名。

③㿗（báo）：皮肤皲裂、肿起。

【译文】

往西四十五里，有座山叫松果山，濩水从这里发源，然后向北流入渭水，水中盛产铜。山上有一种禽鸟，名字叫䳋渠，形状像一般的野鸡，有黑色的身子和红色的爪子，可以用来治疗皮肤皲裂、肿起。

又西六十里，曰太华之山[①]，削成而四方，其高五千仞，其广十里，鸟兽莫居。有蛇焉，名曰肥遗，六足四翼，见则天下大旱。

【注释】

①太华之山：就是现在陕西省境内的西岳华山。

【译文】

再往西六十里，有座山叫太华山，山势陡峭像是用刀削成的，呈四方形，山高可达五千仞，占地达十里，飞鸟野兽无法在这里栖居。山中有种蛇，名字叫肥遗，长有六只脚和四只翅膀。它一旦出现，天下就会发生旱灾。

又西八十里，曰小华之山，其木多荆杞，其兽多㸲牛[①]，其阴多磬石[②]，其阳多㻬琈[③]之玉。鸟多赤鷩[④]，可以御火。其草有萆荔[⑤]，状如乌韭，而生于石上，亦缘木而生，食之已心痛。

【注释】

①㸲（zuó）牛：古代传说中的一种野牛，体重能达千斤。

②磬石：一种可制作乐器的山石。

③㻬琈（tū fú）：古代传说中的一种玉。

④赤鷩（bì）：野鸡一类的飞禽。

⑤萆（bì）荔：古代传说中的一种香草。

【译文】

再往西八十里，有座山叫小华山，山上的树木大多是牡荆和枸杞树，山中的野兽大多是㸲牛，山的北面盛产磬石，山南面盛产㻬琈玉。山中有许多赤鷩，把它养在身边可躲避火灾。山中有一种草叫萆荔，形状像乌韭，生长在石头上，也攀缘树木生长，吃了它就能治愈心痛病。

又西八十里，曰符禺之山，其阳多铜，其阴多铁。其上有木焉，名曰文茎，其实如枣，可以已聋。其草多条，其状如葵[①]，而赤华黄实，如婴儿舌，食之使人不惑。符禺之水出焉，而北流注于渭。其兽多葱聋[②]，其状如羊而赤鬣。其鸟多䳇[③]，其状如翠而赤喙，可以御火。

【注释】

①葵：冬葵，也叫冬寒菜，是古代重要蔬菜之一。

②葱聋：古人说是野山羊的一种。

③䳇（mín）：古鸟名。

【译文】

再往西八十里，有座山叫符禺山，山的南面盛产铜，山的北面盛产铁。山上有种树木，名叫文茎，它结的果实像枣，吃了可以治疗耳聋。山上的草多是条草，形状与葵菜相似，开红色的花朵，结黄色的果实，果实的形状像婴儿的舌头，吃了它可以使人不被迷惑。符禺水从这里发源，然后向北流入渭水。山中有很多名叫葱聋的野兽，它的形状像羊，长着红色的鬣毛。山中的鸟多是䳇，它的形状像翠鸟，长着红色的嘴巴，把它养在身边可以躲避火灾。

又西六十里，曰石脆之山，其木多棕枏，其草多条，其状如韭，而白华黑实，食之已疥[1]。其阳多㻬琈之玉，其阴多铜。灌水出焉，而北流注于禺水。其中有流赭[2]，以涂牛马无病。

【注释】

①疥：一种传染性皮肤病，以瘙痒为主。

②赭（zhě）：红色的土。

【译文】

再往西六十里，有座山叫石脆山，山上的树大多是棕树和楠树，草大多是条草，形状与韭菜相似，开白色花朵，结黑色的果实，吃了它可以治愈疥疮。山的南面盛产㻬琈玉，山的北面盛产铜。灌水从这里发源，然后向北流入禺水。水里有流赭，将它们涂在牛马身上，能使牛马不生病。

又西七十里，曰英山，其上多杻橿[1]，其阴多铁，其阳多赤金。禺水出焉，北流注于招水[2]，其中多鲜鱼[3]，其状如鳖，其音如羊。其阳多箭䉋[4]，其兽多㸲牛、羬羊。有鸟焉，其状如鹑[5]，黄身而赤喙，其名曰肥遗[6]，食之已疠[7]，可以杀虫。

【注释】

①杻橿：杻，杻树，长得近似于棣树，木材能造车辋。橿，橿树，木质坚硬，古人常用来制作车子。

②招（sháo）水：古水名。

③鲜（bàng）鱼：鱼名。

④䉋（mèi）：一种节长、皮厚、根深的竹子。

⑤鹑：鹌鹑的简称。

⑥肥遗：这里讲的肥遗是一种鸟。

⑦疠（lì）：癞病。

【译文】

再往西七十里，有座山叫英山，山上有许多杻树和橿树，山的北面盛产铁，山的南面盛产赤金。禺水从这里发源，然后向北流入招水。禺水中有很多鲜鱼，它的形状像鳖，发出的声音像羊叫。山的南面有很多箭竹和䉋竹，山中的野兽大多是㸲牛和羬羊。山中有一种鸟，形状像鹌鹑，有黄色的羽毛，红色的嘴巴，它的名字叫肥遗。吃了它可以治癞病，还可以杀死体内的寄生虫。

又西五十二里，曰竹山，其上多乔木，其阴多铁。有草焉，其名曰黄雚[①]，其状如樗[②]，其叶如麻，白华而赤实，其状如赭，浴之已疥，又可以已胕[③]。竹水出焉，北流注于渭，其阳多竹箭，多苍玉。丹水出焉，东南流注于洛水，其中多水玉，多人鱼。有兽焉，其状如豚而白毛，毛大如笄[④]而黑端，名曰豪彘[⑤]。

【注释】

①雚（huán）：古同“萑”，荻，形状像芦苇，茎可编苇席。

②樗（chū）：臭椿树。

③胕（fú）：浮肿病。

④笄（jī）：发簪，用来盘头发的饰物。

⑤豪彘（zhì）：豪猪，全身都有刺。

【译文】

再往西五十二里，有座山叫竹山，山上有很多树身高大的树木，山的北面盛产铁。山中有一种草，名字叫黄雚，形状像樗树，叶子像麻叶，开白色的花朵，结红色的果实，果实外表的颜色是赭色，用它洗浴可治愈疥疮，还可以治疗浮肿病。竹水从这里发源，然后向北流入渭水，竹水的北岸有很多小竹丛，还有许多青色的玉石。丹水也从这里发源，然后向东南流入洛水，水中盛产水晶石，还有很多人鱼。山中有一种野兽，形状像小猪，长着白色的毛，毛有簪子粗细，顶端呈黑色，名字叫豪彘。

又西百二十里，曰浮山，多盼木，枳叶而无伤，木虫居之。有草焉，名曰薰草，麻叶而方茎，赤华而黑实，臭[①]如蘼芜[②]，佩之可以已疠。

【注释】

①臭：气味。

②蘼芜：一种香草。

【译文】

再往西一百二十里，有座山叫浮山，山上有很多盼木，树叶与枳树叶一样，但是没有刺，木虫寄居在树上。山上有一种草，名字叫薰草，叶子的形状像麻叶，草茎呈方形，开红色的花朵，结黑色的果实，散发出和蘼芜一样的气味，佩戴这种草可以治愈癞病。

又西七十里，曰羭次之山[①]，漆水出焉，北流注于渭。其上多棫[②]橿，其下多竹箭，其阴多赤铜，其阳多婴垣[③]之玉。有兽焉，其状如禺而长臂，善投，其名曰嚣。有鸟焉，其状如枭，人面而一足，曰橐𩇯[④]，冬见夏蛰，服之不畏雷。

【注释】

①羭（yú）次之山：古山名。

②棫（yù）：一种矮小的树。

③婴垣（yuán）：一种可以做饰品的玉石。

④橐𩇯（tuó féi）：古鸟名。

【译文】

再往西七十里，有座山叫羭次山，漆水从这里发源，然后向北流入渭水。山上有很多棫树和橿树，山下有很多小竹丛，山的北面盛产赤铜，山的南面盛产婴垣玉。山上有一种野兽，形状像猿猴，双臂很长，擅长投掷，名字叫嚣。山上有一种禽鸟，形状像猫头鹰，长着人的面孔，只有一只爪子，名字叫橐𩇯，它常常在冬天出现，在夏天蛰伏，用它的羽毛做衣服可以使人不惧怕打雷。

又西百五十里，曰时山，无草木。逐水出焉，北流注于渭，其中多水玉。

【译文】

再往西一百五十里，有座山叫时山，山上没有花草树木。逐水从这里发源，然后向北流入渭水，水中有很多水晶石。

又西百七十里，曰南山，上多丹粟。丹水出焉，北流注于渭。兽多猛豹[①]，鸟多尸鸠[②]。

【注释】

①猛豹：传说中的一种野兽。

②尸鸠：布谷鸟。

【译文】

再往西一百七十里，有座山叫南山，山上有很多细粒的丹砂。丹水从这里发源，然后向北流入渭水。山中的野兽大多是猛豹，飞鸟大多是布谷鸟。

又西百八十里，曰大时之山，上多榖柞，下多杻橿，阴多银，阳多白玉。涔水出焉，北流注于渭。清水出焉，南流注于汉水。

【译文】

再往西一百八十里，有座山叫大时山，山上有很多构树和栎树，山下有很多杻树和橿树，山的北面盛产银，山的南面盛产白玉。涔水从这里发源，然后向北流入渭水。清水也从这里发源，然后向南流入汉水。

又西三百二十里，曰嶓冢之山①，汉水出焉，而东南流注于沔②；嚣水出焉，北流注于汤水。其上多桃枝钩端，兽多犀、兕、熊、罴，鸟多白翰、赤鷩。有草焉，其叶如蕙，其本如桔梗③，黑华而不实，名曰蓇蓉④，食之使人无子。

【注释】

①嶓（bō）冢之山：古山名。

②沔（miǎn）：水名。

③桔（jié）梗：一种有化痰止咳利咽作用的中药材。

④蓇（gū）蓉：传说中的一种香草。

【译文】

再往西三百二十里，有座山叫嶓冢山，汉水从这里发源，然后向东南流入沔水；嚣水也从这里发源，然后向北流入汤水。山上有很多桃枝竹和钩端竹，野兽大多是犀、兕、熊、罴，禽鸟大多是白翰和赤鷩。山上有一种草，叶子的形状像蕙草，根茎的形状像桔梗，开黑色的花，不结果实，名字叫蓇蓉，吃了它会使人丧失生育能力。

又西三百五十里，曰天帝之山，上多棕枏，下多菅蕙。有兽焉，其状如狗，名曰谿边，席其皮者不蛊。有鸟焉，其状如鹑，黑文而赤翁①，名曰栎，食之已痔。有草焉，其状如葵，其臭如蘼芜，名曰杜衡，可以走马，食之已瘿②。

【注释】

①翁：鸟脖子上的毛。

②瘿（yǐng）：是一种由于局部细胞增生而形成的疾病。这里是指颈瘤病。

【译文】

再往西三百五十里，有座山叫天帝山，山上有很多棕树和楠树，山下有很多菅草和蕙草。山中有一种野兽，形状像狗，名字叫谿边，用它的皮做席子坐上去，就不会中毒蛊。山中有一种禽鸟，形状像鹌鹑，长着黑色的花纹和红色的颈毛，名字叫栎，吃了它可以治愈痔疮。山中还有一种草，形状像葵菜，散发出和蘼芜一样的气味，名字叫杜衡，给马插戴上它后，可以使马跑得很快，人吃了它可以治愈颈瘤病。

西南三百八十里，曰皋涂之山，蔷水出焉，西流注于诸资之水；涂水出焉，南流注于集获之水。其阳多丹粟，其阴多银、黄金，其上多桂木。有白石焉，其名曰礜[①]，可以毒鼠。有草焉，其状如藁茇[②]，其叶如葵而赤背，名曰无条，可以毒鼠。有兽焉，其状如鹿而白尾，马足人手而四角，名曰玃如[③]。有鸟焉，其状如鸱[④]而人足，名曰数斯，食之已瘿。

【注释】

①礜（yù）：礜石，一种矿物，有毒。

②藁茇（gǎo bá）：香草藁的别称。

③玃（jué）如：传说中的兽名。

④鸱（chī）：古书上指鹞鹰。

【译文】

西南三百八十里，有座山叫皋涂山，蔷水从这里发源，然后向西流入诸资水。涂水也从这里发源，然后向南流入集获水。山的南面盛产细粒的丹砂，山的北面盛产银矿石和金矿石，山上还有许多桂树。山上有一种白色的石头，名字叫礜，可以用它来毒死老鼠。山上有一种草，形状像藁茇，叶子像葵菜的叶子，但背面是红色的，名字叫无条，也可以用它毒死老鼠。山中有一种野兽，形状像鹿，长着白色的尾巴，后脚像马蹄，前脚像人手，有四只角，名字叫玃如。山上有一种鸟，形状像鴟鹰，长着人一样的脚，名字叫数斯，吃了它能治愈颈瘤病。

又西百八十里，曰黄山，无草木，多竹箭。盼水出焉，西流注于赤水，其中多玉。有兽焉，其状如牛，而苍黑大目，其名曰㸓①。有鸟焉，其状如鸮②，青羽赤喙，人舌能言，名曰鹦䳇。

【注释】

①㸓（mǐn）：传说中的一种野牛。

②鸮（xiāo）：古代对鹰一类鸟的统称。

【译文】

再往西一百八十里，有座山叫黄山，山上没有花草树木，有很多竹丛。盼水从这里发源，然后向西流入赤水，水中有很多玉石。山上有一种野兽，形状像牛，遍体青黑色，长着大大的眼睛，名字叫㸓。山上有一种鸟，形状像鸮，长着青色的羽毛和红色的嘴，舌头和人的一样，并且能说话，名字叫鹦䳇。

又西二百里，曰翠山，其上多棕枏，其下多竹箭，其阳多黄金、玉，其阴多旄牛、麢①、麝②。其鸟多鸓③，其状如鹊，赤黑而两首、四足，可以御火。

【注释】

①麢（líng）：古同“羚”，一种野兽。

②麝（shè）：也叫香獐，前肢短，后肢长，蹄子小，耳朵大，体毛棕色，雌性和雄性都没有角。

③鸓（lěi）：古鸟名。

【译文】

再往西二百里，有座山叫翠山，山上有许多棕树和楠树，山下有很多小竹丛，山的南面盛产金属矿物和玉石，山的北面有很多旄牛、麢、麝。山中的鸟大多是鸓，它的形状像喜鹊，长着红黑色的羽毛，有两个头和四只脚，把它养在身边可以预防火灾。

又西二百五十里，曰騩山[①]，是錞[②]于西海，无草木，多玉。凄水出焉，西流注于海，其中多采石、黄金，多丹粟。

【注释】

①騩（guī）山：古山名。

②錞：通“蹲”，蹲踞。

【译文】

再往西二百五十里，有座山叫騩山，它蹲踞在西海岸边，山上没有花草树木，有很多玉石。凄水从这里发源，然后向西流入大海，水中有许多采石、黄金，还有很多细粒的丹砂。

凡西经之首，自钱来之山至于騩山，凡十九山，二千九百五十七里。华山，冢也，其祠之礼：太牢[①]。羭山，神也，祠之用烛，斋百日以百牺[②]，瘗用百瑜，汤[③]其酒百樽，婴以百珪百璧。其余十七山之属，皆毛牷[④]用一羊祠之。烛者，百草之未灰，白席采等纯之。

【注释】

①太牢：古人进行祭祀活动时，祭品所用牛、羊、猪三牲全备为太牢。

②牺：古代祭祀时用的纯色的牲。

③汤：通“烫”。

④毛牷（quán）：指祀神所用毛物牲畜是完整的。

【译文】

西方第一组山系，从钱来山到騩山，共十九座山，二千九百五十七里。华山是这些山的宗主，祭祀华山山神的礼仪如下：用猪、牛、羊三种牲畜做祭品。羭山是有神威的，祭祀羭山山神要用火烛，斋戒一百天后用一百头纯色牲畜做祭品，连同一百块美玉一起埋下，烫上一百杯美酒，环绕陈列一百块珪玉、一百块璧玉。其余十七座山祭祀的礼仪相同，都是用一只完整的羊做祭品。照明用的火烛是未燃尽的百草，白色的席子周边按山神的等级镶上相应的色边。

西次二经之首，曰钤山[①]，其上多铜，其下多玉，其木多杻橿。

【注释】

①钤（qián）山：古山名。

【译文】

西方第二组山系的首座山叫钤山，山上盛产铜，山下盛产玉，山中的树大多是杻树和橿树。

西二百里，曰泰冒之山，其阳多金，其阴多铁。洛水出焉，东流注于河，其中多藻玉[①]。多白蛇。

【注释】

①藻玉：一种玉石，带有彩色纹理。

【译文】

往西二百里，有座山叫泰冒山，山的南面盛产黄金，山的北面盛产铁。洛水从这里发源，然后向东流入黄河，水中有很多藻玉，还有很多白蛇。

又西一百七十里，曰数历之山，其上多黄金，其下多银，其木多杻橿，其鸟多鹦䳇。楚水出焉，而南流注于渭，其中多白珠。

【译文】

再往西一百七十里，有座山叫数历山，山上盛产黄金，山下盛产白银，山中的树木大多是杻树和橿树，禽鸟大多是鹦䳇。楚水从这里发源，然后向南流入渭水，水中有很多白色的珍珠。

又西百五十里，曰高山，其上多银，其下多青碧、雄黄[①]，其木多棕，其草多竹。泾水出焉，而东流注于渭，其中多磬石、青碧。

【注释】

①雄黄：也叫鸡冠石，古人常用作解毒、杀虫的药物。

【译文】

再往西一百五十里，有座山叫高山，山上盛产白银，山下盛产青玉和雄黄，山中的树木大多是棕树，草类大多是小矮竹。泾水从这里发源，然后向东流入渭水，水中有很多磬石和青玉。

西南三百里，曰女床之山，其阳多赤铜，其阴多石涅[①]，其兽多虎、豹、犀、兕。有鸟焉，其状如翟[②]而五采文，名曰鸾鸟，见则天下安宁。

【注释】

①石涅：黑石脂的别名，古代用来画眉，也可用作黑色染料。

②翟（dí）：一种长尾山鸡。

【译文】

往西南三百里，有座山叫女床山，山的南面盛产黄铜，山的北面盛产石涅，山中的野兽大多是老虎、豹子、犀牛和兕。山里有一种鸟，形状像翟，长着色彩斑斓的羽毛，名字叫鸾鸟，它一出现天下就会太平。

又西二百里，曰龙首之山，其阳多黄金，其阴多铁。苕水出焉，东南流注于泾水，其中多美玉。

【译文】

再往西二百里，有座山叫龙首山，山的南面盛产黄金，山的北面盛产铁。苕水从这里发源，然后向东南流入泾水，水中有很多美玉。

又西二百里，曰鹿台之山，其上多白玉，其下多银，其兽多㸲牛、羬羊、白豪。有鸟焉，其状如雄鸡而人面，名曰凫徯[①]，其鸣自叫也，见则有兵。

【注释】

①凫徯（xī）：古鸟名。

【译文】

再往西二百里，有座山叫鹿台山，山上盛产白色的玉石，山下有丰富的银矿石，山中的野兽大多是㸲牛、羬羊、白豪。山中有一种鸟，形状像公鸡，长着人的面孔，名字叫凫徯，它的叫声就是自己的名字，它一旦出现，天下就会发生战乱。

西南二百里，曰鸟危之山，其阳多磬石，其阴多檀楮[①]，其中多女床。鸟危之水出焉，西流注于赤水，其中多丹粟。

【注释】

①楮（chǔ）：落叶乔木，树皮是制造桑皮纸和宣纸的原料。

【译文】

往西南二百里，有座山叫鸟危山，山的南面盛产磬石，山的北面有很多檀树和楮树，山中生长着很多女床草。鸟危水从这里发源，然后向西流入赤水，水中有许多细粒的丹砂。

又西四百里，曰小次之山，其上多白玉，其下多赤铜。有兽焉，其状如猿，而白首赤足，名曰朱厌，见则大兵。

【译文】

再往西四百里，有座山叫小次山，山上盛产白玉，山下盛产赤铜。山中有一种野兽，形状像猿猴，但头是白色的，脚是红色的，名字叫朱厌，它一出现，天下就会发生大规模的战争。

又西三百里，曰大次之山，其阳多垩[①]，其阴多碧，其兽多㸲牛、麢羊。

【注释】

①垩（è）：可用来涂饰的有色泥土。

【译文】

再往西三百里，有座山叫大次山，山的南面有很多垩土，山的北面有很多碧玉，山中的野兽大多是㸲牛和麢羊。

又西四百里，曰薰吴之山，无草木，多金玉。

【译文】

再往西四百里，有座山叫薰吴山，山上没有花草树木，但有丰富的金属矿物和玉石。

又西四百里，曰厎阳之山[①]。其木多稷[②]、柟、豫章，其兽多犀、兕、虎、犳[③]、㸲牛。

【注释】

①厎（zhǐ）阳之山：古山名。

②椶（jì）：古木名，也称水松，形状像松树，有很细的纹理。

③犳（zhuó）：古书上说的一种兽，像豹，没有花纹。

【译文】

再往西四百里，有座山叫底阳山，山中的树木大多是水松树、楠树和樟树，山中的野兽大多是犀牛、兕、老虎、犳、牪牛。

又西二百五十里，曰众兽之山，其上多㻬琈之玉，其下多檀楮，多黄金，其兽多犀、兕。

【译文】

再往西二百五十里，有座山叫众兽山，山上盛产㻬琈玉，山下有很多檀树和构树，盛产黄金，山中的野兽大多是犀牛和兕。

又西五百里，曰皇人之山，其上多金玉，其下多青、雄黄。皇水出焉，西流注于赤水，其中多丹粟。

【译文】

再往西五百里，有座山叫皇人山，山上有丰富的金属矿物和玉石，山下有丰富的石青、雄黄。皇水从这里发源，然后向西流入赤水，水中有很多细粒的丹砂。

又西三百里，曰中皇之山，其上多黄金，其下多蕙棠。

【译文】

再往西三百里，有座山叫中皇山，山上盛产黄金，山下有很多蕙草和棠梨树。

又西三百五十里，曰西皇之山，其阳多金，其阴多铁，其兽多麋、鹿、牪牛。

【译文】

再往西三百五十里，有座山叫西皇山，山的南面蕴含丰富的金矿石，山的北面蕴含丰富的铁矿石，山中的野兽大多是麋、鹿和㸲牛。

又西三百五十里，曰莱山，其木多檀楮，其鸟多罗罗，是食人。

【译文】

再往西三百五十里，有座山叫莱山，山中的树木大多是檀树和构树，鸟类大多是罗罗，这种鸟是吃人的。

凡西次二经之首，自钤山至于莱山，凡十七山，四千一百四十里。其十神者，皆人面而马身。其七神，皆人面牛身，四足而一臂，操杖以行，是为飞兽之神。其祠之，毛用少牢[①]，白菅为席。其十辈神者，其祠之，毛一雄鸡，钤而不糈[②]，毛采。

【注释】

①少牢：古代祭祀时只用猪和羊就为少牢。

②钤（qián）而不糈：这里是指祈祷时不用精米。

【译文】

西方第二列山系从钤山开始到莱山停止，共十七座山，四千一百四十里。其中十座山的山神，都是人的面孔，马的身子。其他七座山的山神，都是人的面孔，牛的身子，有四只脚和一条手臂，拄着拐杖行走，这就是所谓的飞兽之神。祭祀的礼仪是：用猪、羊作为祭品，将它们放在白茅草席上。另外十位山神祭祀的礼仪是：用一只公鸡祭祀，祈祷时不用精米，公鸡要用杂色的。

西次三经之首，曰崇吾之山，在河[①]之南，北望冢遂，南望岳之泽[②]，西望帝之搏兽之山，东望螞渊[③]。有木焉，员叶而白柎[④]，赤华而黑理，其实如枳，食之宜子孙。有兽焉，其状如禺而文臂，豹尾而善投，名曰举父[⑤]。有鸟焉，其状如凫，而一翼一目，相得乃飞，名曰蛮蛮[⑥]，见则天下大水。

【注释】

①河：指黄河。

②岳（yáo）之泽：湖泊名。

③螞（yān）渊：古渊名。

④柎（fū）：花萼。

⑤举父：古代传说中的动物名。

⑥蛮蛮：比翼鸟。

【译文】

西方第三列山系的首座山叫崇吾山，位于黄河的南岸，向北可以望见冢遂山，向南可以望见岳泽，向西可以望见天帝的搏兽山，向东可以望见螞渊。山中有一种树木，它有圆圆的叶子，白色的花萼，红色的花朵上有黑色的纹理，结的果实与枳的果实相似，吃了它就能多子多孙。山中有一种野兽，形状像猿猴但手臂上有斑纹，有豹子一样的尾巴并且擅长投掷，名字叫作举父。山中有一种鸟，形状像凫，只有一只翅膀和一只眼睛，要两只鸟合起来才能飞翔，名字叫作蛮蛮，它一出现，天下就会发生水灾。

西北三百里，曰长沙之山，泚水[①]出焉，北流注于泑水[②]，无草木，多青、雄黄。

【注释】

①泚（zǐ）水：古水名。

②泑（yōu）水：古水名。

【译文】

往西北三百里，有座山叫长沙山。泚水从这里发源，然后向北流入泑水，山上没有花草树木，但蕴藏着丰富的石青和雄黄。

又西北三百七十里，曰不周之山，北望诸毗之山，临彼岳崇之山，东望泑泽，河水所潜也，其原浑浑泡泡[①]。爰[②]有嘉果，其实如桃，其叶如枣，黄华而赤柎，食之不劳。

【注释】

①浑浑泡泡：大水涌流出来的样子。

②爰（yuán）：这里。

【译文】

再往西北三百七十里，有座山叫不周山，向北可以望见诸毗山，以及和诸毗山相临近的崇岳山，向东可以望见泑泽，它是黄河水潜入地下流注于此形成的，它源头上的水喷涌而出发出浑浑泡泡的声音。这里有一种珍贵的果树，果实像桃子，叶子和枣树的叶子相似，开黄色的花，花萼是红色的，吃了它可以解除烦恼。

又西北四百二十里，曰峚山[①]，其上多丹木，员叶而赤茎，黄华而赤实，其味如饴，食之不饥。丹水出焉，西流注于稷泽，其中多白玉。是有玉膏，其原沸沸汤汤[②]，黄帝是食是飨[③]。是生玄玉。玉膏所出，以灌丹木，丹木五岁，五色乃清，五味乃馨。黄帝乃取峚山之玉荣，而投之钟山之阳。瑾瑜之玉为良，坚栗精密，浊泽而有光。五色发作，以和柔刚。天地鬼神，是食是飨；君子服之，以御不祥。自峚山至于钟山，四百六十里，其间尽泽也。是多奇鸟、怪兽、奇鱼，皆异物焉。

【注释】

①峚（mì）山：一作密山，古书中记载的山。

②沸沸汤汤：水快速涌出四处流散的样子。

③飨（xiǎng）：通“享”，享用。

【译文】

再往西北四百二十里，有座山叫峚山，山上有很多丹木，它长着圆圆的叶子，红色的茎干，开黄色的花朵，结红色的果实，味道很甘甜，吃了它就不会感觉到饥饿。丹水从这里发源，然后向西流入稷泽，水中有很多白色玉石。这里有玉膏涌出，原野上一片沸沸腾腾的景象，黄帝常常服食享用这种玉膏。玉膏还会生成一种黑色玉石。用这涌出的玉膏去浇灌丹木，丹木再经过五年的生长，便会开出五种颜色的清香花朵，结出味道香甜的五色果实。黄帝采撷峚山中玉石的精华，把它们种在钟山的南面，后来便生成瑾和瑜这类美玉，坚硬而精密，温润而有光泽。玉上五种颜色的符彩一同散发出来相互辉映，有刚有柔非常和谐。天地鬼神都喜欢服食享用它；君子佩戴它能抵御不祥之气的侵袭。从峚山到钟山，四百六十里，两山中间全部是沼泽。在沼泽里生长着许多奇鸟、怪兽、神鱼，都是些罕见的怪物。

又西北四百二十里，曰钟山，其子曰鼓，其状人面而龙身，是与钦䲹[①]杀葆江于昆仑之阳，帝乃戮之钟山之东曰䍶崖[②]，钦䲹化为大鹗[③]，其状如雕，而黑文白首，赤喙而虎爪，其音如晨鹄[④]，见则有大兵；鼓亦化为鵕鸟[⑤]，其状如鸱，赤足而直喙，黄文而白首，其音如鹄，见则其邑大旱。

【注释】

①钦䲹（pí）：古代神话传说中的神名。

②嵛（yáo）崖：古地名。

③鹗（è）：亦称鱼鹰，属于雕一类，会捕鱼。

④晨鹄（hú）：古鸟名，属鹗鹰一类。

⑤鵕（jùn）鸟：古鸟名，形似猫头鹰。

【译文】

再往西北四百二十里，有座山叫钟山，钟山山神的儿子叫鼓，他长着人的面孔，龙的身子，曾与钦䲹在昆仑山的南面杀死天神葆江，天帝因此将他们诛杀在钟山东面一个叫嵛崖的地方。钦䲹化为一只大鹗，形状像普通的雕鹰，长着黑色的斑纹和白色的脑袋，红色的嘴巴和老虎的爪子，发出的声音如同晨鹄的鸣叫，它在哪里出现，哪里就会发生战争；鼓化为鵕鸟，形状像鹞鹰，长着红色的脚和直直的嘴，黄色的斑纹和白色的头，发出的声音如同鸿鹄的鸣叫，它在哪里出现，哪里就会发生旱灾。

又西百八十里，曰泰器之山，观水出焉，西流注于流沙。是多文鳐鱼[①]，状如鲤鱼，鱼身而鸟翼，苍文而白首赤喙，常行西海，游于东海，以夜飞。其音如鸾鸡，其味酸甘，食之已狂，见则天下大穰[②]。

【注释】

①文鳐（yáo）鱼：鱼名。

②穰（ráng）：庄稼丰收。

【译文】

再往西一百八十里，有座山叫泰器山，观水从这里发源，然后向西流入流沙。水中有很多文鳐鱼，这种鱼的形状与鲤鱼相似，有鱼的身子却长着鸟的翅膀，黑身上是青色的花纹，长着白色的脑袋，红色的嘴巴，常常从西海游向东海，夜里腾空飞翔。它发出的声音如同鸾鸡啼叫，它的肉又酸又甜，吃了以后可以医治癫狂病。它一出现，天下就会大丰收。

又西三百二十里，曰槐江之山，丘时之水出焉，而北流注于泑水。其中多蠃母[①]，其上多青、雄黄，多藏琅玕[②]、黄金、玉，其阳多丹粟，其阴多采黄金银。实惟帝之平圃，神英招司之，其状马身而人面，虎文而鸟翼，徇于四海，其音如榴。南望昆仑，其光熊熊，其气魂魂。西望大泽，后稷所潜也。其中多玉，其阴多榣木[③]之有若，北望诸毗，槐鬼离仑居之，鹰鹯之所宅也。东望恒山四成，有穷鬼居之，各在一抟。爰有瑶水，其清洛洛。有天神焉，其状如牛，而八足二首马尾，其音如勃皇，见则其邑有兵。

【注释】

①蠃（luó）母：“蠃”同“螺”，也作螺母，一种贝壳类的小动物。

②琅玕（láng gān）：似玉的美石。

③榣（yáo）木：古树名，树木高大。

【译文】

再往西三百二十里，有座山叫槐江山，丘时水从这里发源，然后向北流入泑水。水中有很多蠃母，山上蕴藏着丰富的石青、雄黄，还有很多琅玕、黄金、玉石，山的南面有很多细粒的丹砂，山的北面盛产带着色彩的金银。槐江山实际是天帝在人间的园圃，由天神英招主管，英招有着马的身子，人的面孔，身上有老虎一样的斑纹和鸟的翅膀，他巡行四海，传递天帝的指令，发出的声音如同辘轳抽水声。在槐江山向南可以望见昆仑山，那里火光熊熊，气势恢宏。向西可以望见大泽，那里是后稷隐藏之地。大泽中有很多玉石，大泽的南面有许多榣木，在榣木上面又有若木。向北可以望见诸毗山，是叫作槐鬼离仑的神仙所居住的地方，也是鹰鹯等飞禽的栖息地。向东可以望见四重高的恒山，有穷鬼居住在那里，他们各自住在山的一边。这里有瑶水，清清冷冷汩汩流淌。有个天神住在山中，他的形状像牛，但长着八只脚、两个脑袋和马的尾巴，叫声如同人在吹奏乐器时薄膜震动发出的声音，他在哪个国家出现，哪里就会发生战争。

西南四百里，曰昆仑之丘，实惟帝之下都，神陆吾司之。其神状虎身而九尾，人面而虎爪，是神也，司天之九部①及帝之囿②时。有兽焉，其状如羊而四角，名曰土蝼，是食人。有鸟焉，其状如蜂，大如鸳鸯，名曰钦原，蠚③鸟兽则死，蠚木则枯。有鸟焉，其名曰鹑鸟，是司帝之百服。有木焉，其状如棠，黄华赤实，其味如李而无核，名曰沙棠，可以御水，食之使人不溺。有草焉，名曰薲草④，其状如葵，其味如葱，食之已劳。河水出焉，而南流东注于无达。赤水出焉，而东南流注于氾天之水。洋水出焉，而西南流注于丑涂之水。黑水出焉，而西流于大杅。是多怪鸟兽。

【注释】

①九部：天上九个区域的疆界。

②囿（yòu）：古代帝王畜养禽兽的园林。

③蠚（hē）：毒虫类咬刺。

④薲（pín）草：同“蘋草”，为牲畜的良好饲料。

【译文】

往西南四百里，有座山叫昆仑山，这里实际上是天帝在下界的都邑，由天神陆吾掌管。陆吾身形像虎，长着九条尾巴，人的面孔，老虎的爪子。陆吾主管天界九域以及昆仑山苑圃的时节。昆仑山有一种野兽，形状像羊，但长着四只角，名叫土蝼，是吃人的。山中有一种鸟，身形像蜂，大小和鸳鸯相似，名叫钦原，它螫了其他的鸟兽，鸟兽便会死去；螫了树木，树木就会枯死。山中还有一种鸟，名字叫鹑鸟，天帝的服饰由它主管。山上有一种树，形状像棠梨树，开黄色的花，结红色的果实，果实的味道像李子，但没有果核，名叫沙棠树，可以用来防御水灾，吃了这种果实，可以使人不被淹死。山中有一种草，名叫蕡草，形状像葵菜，味道像葱，吃了它可以使人消除忧愁。黄河水从昆仑山发源，然后向南流，再向东流入无达。赤水也从昆仑山发源，然后向东南流入氾天水。洋水从昆仑山发源，然后向西南流入丑涂水。黑水也从这里发源，然后向西流入大杅。昆仑山上还有许多奇怪的禽鸟和野兽。

又西三百七十里，曰乐游之山，桃水出焉，西流注于稷泽，是多白玉。其中多鳎鱼[①]，其状如蛇而四足，是食鱼。

【注释】

①鳎（huá）鱼：古代传说中的一种鱼，会发光，能飞。

【译文】

再往西三百七十里，有座山叫乐游山，桃水从这里发源，然后向西流入稷泽，水中有很多白色的玉石，还有很多鳎鱼，形状像蛇，长着四只脚，以鱼为食。

西水行四百里，流沙二百里，至于蠃母之山。神长乘司之，是天之九德也。其神状如人而犳尾。其上多玉，其下多青石而无水。

【译文】

往西走四百里水路，再走二百里流沙，就到了蠃母山。天神长乘管理这座山，他是由上天的九德之气生成的。长乘的身形像人，但有豹一样的尾巴。山上有很多玉石，山下有很多青石，但是没有水流。

又西三百五十里，曰玉山，是西王母所居也。西王母其状如人，豹尾虎齿而善啸，蓬发戴胜，是司天之厉及五残。有兽焉，其状如犬而豹文，其角如牛，其名曰狡，其音如吠犬，见则其国大穰。有鸟焉，其状如翟而赤，名曰胜遇，是食鱼，其音如录，见则其国大水。

【译文】

再往西三百五十里，有座山叫玉山，是西王母居住的地方。西王母的身形像人，长着豹尾、虎牙，并且善于长啸，蓬松的头发上戴着玉胜，她掌管着天下的灾祸及五种刑罚残杀之气。山中有一种野兽，名字叫狡，它的身形像狗，身上长着豹子般的花纹，它的角像牛角，它的叫声如同狗叫，它在哪个国家出现，哪个国家就将大丰收。山中还有一种鸟，名叫胜遇，形状像野鸡，遍体红色，以鱼为食，它的叫声像鹿鸣。它在哪个国家出现，哪个国家就会发生水灾。

又西四百八十里，曰轩辕之丘①，无草木。洵水出焉，南流注于黑水，其中多丹粟，多青、雄黄。

【注释】

①轩辕之丘：神话传说中轩辕氏居住的地方，轩辕氏即黄帝。

【译文】

再往西四百八十里，有座山叫轩辕丘，山丘上没有花草树木。洵水从这里发源，然后向南流入黑水。水中有很多细粒的丹砂，还有很多石青和雄黄。

又西三百里，曰积石之山，其下有石门，河水冒以西南流。是山也，万木无不有焉。

【译文】

再往西三百里，有座山叫积石山，山下有一个石门，黄河水漫过石门向西南流去。这座积石山上，世间万物应有尽有。

又西二百里，曰长留之山，其神白帝少昊[①]居之。其兽皆文尾，其鸟皆文首。是多文玉石。实惟员神磈氏[②]之宫。是神也，主司反景[③]。

【注释】

①少昊：古代传说中的上古帝王。

②磈（wěi）氏：传说中的山神名。

③景：通“影”。

【译文】

再往西二百里，有座山叫长留山，天神白帝少昊居住在这里。山中的野兽都是花尾巴，飞鸟都是花脑袋。山上盛产有彩色花纹的玉石。长留山实际上是神磈氏的宫殿。这个神，主掌太阳西沉时光线射向东方的反影。

又西二百八十里，曰章莪之山[①]，无草木，多瑶碧。所为甚怪。有兽焉，其状如赤豹，五尾一角，其音如击石，其名曰狰[②]。有鸟焉，其状如鹤，一足，赤文青质而白喙，名曰毕方，其鸣自叫也，见则其邑有讹火[③]。

【注释】

①章莪（é）之山：古山名。

②狰（zhēng）：古代传说中的奇兽。

③讹（é）火：怪火。

【译文】

再往西二百八十里，有座山叫章莪山，山上没有花草树木，有很多瑶玉和碧玉。山上常常有怪异的东西。山中有一种野兽，形状像红色的豹，长着五条尾巴和一只角，它的叫声如同敲击石头的声响，名字叫狰。山中有一种鸟，形状像鹤，只有一只脚，身上有红色的斑纹，青色的羽毛，白嘴巴，名字叫毕方，它的叫声是自己名字的发音。它出现在哪里，哪里就会发生怪异的火灾。

又西三百里，曰阴山，浊浴之水出焉，而南流注于蕃泽，其中多文贝。有兽焉，其状如狸而白首，名曰天狗，其音如猫猫，可以御凶。

【译文】

再往西三百里，有座山叫阴山，浊浴水从这里发源，然后向南流入蕃泽，水中有很多五彩斑斓的贝壳。山中有一种野兽，形状像狸，脑袋是白色的，名字叫天狗，它的叫声与“猫猫”的读音相似，把它饲养在身边能够防御凶邪之气。

又西二百里，曰符惕之山，其上多棕柟，下多金玉，神江疑居之。是山也，多怪雨，风云之所出也。

【译文】

再往西二百里，有座山叫符惕山，山上有很多棕树和楠树，山下有丰富的金属矿物和玉石，天神江疑在这里居住。这座符惕山常常降落怪异的雨，风和云也从这里兴起。

又西二百二十里，曰三危之山，三青鸟居之。是山也，广员百里。其上有兽焉，其状如牛，白身四角，其豪如披蓑，其名曰傲㧑[①]，是食人。有鸟焉，一首而三身，其状如䴅[②]，其名曰鸱。

【注释】

①傲㧑（ào yē）：古兽名。

②䴅（luò）：与雕鹰相似的鸟。

【译文】

再往西二百二十里，有座山叫三危山，有三只青鸟在这里栖息。这座山，方圆百里。山上有种野兽，形状像牛，遍体白色，长着四只角，身上的毛又长又密，像披着蓑衣，名字叫傲㧑，吃人。山上有一种鸟，长着一个鸟头却有三个身子，形状像䴅，名字叫鸱。

又西一百九十里，曰騩山，其上多玉而无石。神耆童[①]居之，其音常如钟磬。其下多积蛇。

【注释】

①耆（qí）童：老童。古代传说耆童是颛顼帝的儿子。

【译文】

再往西一百九十里，有座山叫騩山，山上有很多美玉，但没有石头。天神耆童居住在这里，他的声音常常像敲钟击磬的响声。山下有成堆的蛇。

又西三百五十里，曰天山，多金玉，有青、雄黄。英水出焉，而西南流注于汤谷。有神焉，其状如黄囊，赤如丹火，六足四翼，浑敦[①]无面目，是识歌舞，实惟帝江也。

【注释】

①浑敦：即“混沌”，浑然模糊，不清楚。

【译文】

再往西三百五十里，有座山叫天山，山上有丰富的金属矿物和玉石，也有石青、雄黄。英水从这里发源，然后向西南流入汤谷。山里有一个神人，相貌像黄色的口袋，身上发出火红的光，长着六只脚和四只翅膀，模糊不清没有面目，他懂得唱歌跳舞，实际上是帝江。

又西二百九十里，曰泑山，神蓐收居之。其上多婴脰之玉[①]，其阳多瑾瑜之玉，其阴多青、雄黄。是山也，西望日之所入，其气员，神红光之所司也。

【注释】

①婴脰（dòu）之玉：可制作颈饰的玉石。

【译文】

再往西二百九十里，有座山叫泑山，神人蓐收在这里居住。山上盛产可以做脖颈饰品的玉石，山的南面有很多瑾、瑜之类的玉，山的北面有很多石青和雄黄。这座山向西可以看到太阳西落，气象雄浑壮阔，这由天神红光掌管。

西水行百里，至于翼望之山，无草木，多金玉。有兽焉，其状如狸，一目而三尾，名曰讙[①]，其音如夺百声，是可以御凶，服之已瘅[②]。有鸟焉，其状如乌，三首六尾而善笑，名曰鵸鵌[③]，服之使人不厌[④]，又可以御凶。

【注释】

①讙（huān）：古代传说中的一种野兽。

②瘅：通“疸”，也就是黄疸病。中医认为这种病是由体内虚热造成的。

③鵸鵌（qí tú）：古鸟名。

④厌：通“魇”，也就是噩梦。

【译文】

往西走一百里水路，就到了翼望山，山上没有花草树木，有很多金属矿物和玉石。山中有一种野兽，形状像狸，只长着一只眼睛，有三条尾巴，名字叫讙，它的叫声能压住一百种动物一起鸣叫的声音，把它饲养在身边可以防御凶邪之气，吃了它能治愈黄疸病。山中还有一种鸟，形状像乌鸦，长着三个脑袋、六条尾巴并且喜欢嬉笑，名字叫鵸鵌，吃了它能使人不做噩梦，还可以防御凶邪之气。

凡西次三经之首，自崇吾之山至于翼望之山，凡二十三山，六千七百四十四里。其神状皆羊身人面。其祠之礼：用一吉玉瘗，糈用稷[①]米。

【注释】

①稷（jì）：即古代主要食用作物之一的粟，俗称谷子。

【译文】

西方第三列山系，从崇吾山到翼望山，共二十三座山，六千七百四十四里。这些山的山神都是羊的身子，人的面孔。祭祀这些山神的礼仪是：把一块吉玉埋在地下，祭祀的精米用粟米。

西次四山之首，曰阴山，上多榖，无石，其草多茆[①]、蕃。阴水出焉，西流注于洛。

【注释】

①茆（mǎo）：古草名，也就是凫葵草。

【译文】

西方第四列山系的首座山叫阴山，山上有很多构树，没有石头，山上的草以凫葵草、蕃草居多。阴水从这里发源，向西流入洛水。

北五十里，曰劳山，多茈草[①]，弱水出焉，而西流注于洛。

【注释】

①茈（zǐ）草：紫草，可以用作染料。

【译文】

往北五十里，有座山叫劳山，山上有很多茈草。弱水从这里发源，然后向西流入洛水。

西五十里，曰罢谷之山，洱水出焉，而西流注于洛，其中多茈、碧。

【译文】

往西五十里，有座山叫罢谷山，洱水从这里发源，然后向西流入洛水，水中有很多茈石和碧玉。

北百七十里，曰申山，其上多穀柞，其下多杻橿，其阳多金玉。区水出焉，而东流注于河。

【译文】

往北一百七十里，有座山叫申山，山上有很多构树和柞树，山下有很多杻树和橿树，山的南面有丰富的金属矿物和玉石。区水从这里发源，然后向东流入黄河。

北二百里，曰鸟山，其上多桑，其下多楮，其阴多铁，其阳多玉。辱水出焉，而东流注于河。

【译文】

往北二百里，有座山叫鸟山，山上有许多桑树，山下有许多构树，山的北面盛产铁，山的南面盛产玉石。辱水从这里发源，然后向东流入黄河。

又北百二十里，曰上申之山，上无草木，而多硌石[①]，下多榛楛[②]，兽多白鹿。其鸟多当扈，其状如雉，以其髯[③]飞，食之不眴目[④]。汤水出焉，东流注于河。

【注释】

①硌（luò）石：大石头。

②榛（zhēn）楛（hù）：榛，落叶灌木，果实名叫榛子。楛，茎坚韧，可以制作箭杆。

③髯（rán）：脸颊上的胡子，这里指两颊上的长须毛。

④眴（shùn）目：眨眼的意思。

【译文】

再往北一百二十里，有座山叫上申山，山上没有花草树木，但有很多大石头，山下有很多榛树和楛树，山中的野兽大多是白鹿。山中的鸟类大多是扈鸟，形状像野鸡，却用髯毛当翅膀来飞行，吃了它能治好眨眼睛的病。汤水从这里发源，然后向东流入黄河。

又北百八十里，曰诸次之山，诸次之水出焉，而东流注于河。是山也，多木无草，鸟兽莫居，是多众蛇。

【译文】

再往北一百八十里，有座山叫诸次山，诸次水从这里发源，然后向东流入黄河。这座山有很多树木，没有草，鸟兽都不在这里居住，山上有各种各样的蛇。

又北百八十里，曰号山，其木多漆、棕，其草多药[①]、虈[②]、芎䓖[③]。多汵石[④]。端水出焉，而东流注于河。

【注释】

①药：白芷的别称。根称白芷，叶子称药，俗称白芷。

②虈（xiāo）：一种香草。

③芎䓖（xiōng qióng）：古草名。

④汵石：矿石名，石质柔软。

【译文】

再往北一百八十里，有座山叫号山，山上的树木大多是漆树、棕树，而草以白芷、虈草、芎䓖居多。山中盛产汵石。端水从这里发源，然后向东流入黄河。

又北二百二十里，曰盂山，其阴多铁，其阳多铜，其兽多白狼白虎，其鸟多白雉白翠。生水出焉，而东流注于河。

【译文】

再往北二百二十里，有座山叫盂山，山的北面有丰富的铁矿，山的南面有丰富的铜矿石，山中的野兽大多是白狼和白虎，鸟类大多是白雉和白翠。生水从这里发源，然后向东流入黄河。

西二百五十里，曰白於之山，上多松柏，下多栎檀。其兽多牪牛、羬羊，其鸟多鸮。洛水出于其阳，而东流注于渭；夹水出于其阴，东流注于生水。

【译文】

往西二百五十里，有座山叫白於山，山上大多是松树和柏树，山下大多是栎树和檀树。山中的野兽大多是牪牛和羬羊，鸟类大多是鸮。洛水从山的南面发源，然后向东流入渭水；夹水从山的北面发源，然后向东流入生水。

西北三百里，曰申首之山，无草木，冬夏有雪。申水出于其上，潜于其下，是多白玉。

【译文】

往西北三百里，有座山叫申首山，山上没有花草树木，冬夏两季都有积雪。申水从这里发源，潜流到山下，水中有很多白色的玉石。

又西五十五里，曰泾谷之山，泾水出焉，东南流注于渭，是多白金白玉。

【译文】

再往西五十五里，有座山叫泾谷山，泾水从这里发源，然后向东南流入渭水，水中有很多白金和白玉。

又西百二十里，曰刚山，多柒木①，多㻬琈之玉。刚水出焉，北流注于渭。是多神𩲃②，其状人面兽身，一足一手，其音如钦③。

【注释】

①柒木：漆树。“柒”即“漆”字。

②神𩲃：就是魑魅一类的东西。

③钦：通“吟”，打哈欠的样子。

【译文】

再往西一百二十里，有座山叫刚山，山上有很多漆树，还有很多㻬琈玉。刚水从这里发源，然后向北流入渭水。山中有很多神𩲃，他们有着人的面孔，野兽的身子，只有一只脚和一只手，发出的声音好像人在打哈欠。

又西二百里，至刚山之尾，洛水出焉，而北流注于河。其中多蛮蛮[①]，其状鼠身而鳖首，其音如吠犬。

【注释】

①蛮蛮：水獭一类的野兽，与上文所说的“蛮蛮”是不同的动物。

【译文】

再往西二百里，就到了刚山的尾端，洛水从这里发源，然后向北流入黄河。这里有很多蛮蛮，形状像老鼠，但长着甲鱼的脑袋，叫声就如同狗叫。

又西三百五十里，曰英鞮之山[①]，上多漆木，下多金玉，鸟兽尽白。涴水[②]出焉，而北流注于陵羊之泽。是多冉遗之鱼，鱼身蛇首六足，其目如马耳，食之使人不眯，可以御凶。

【注释】

①英鞮（dī）之山：古山名。

②涴（yuān）水：古水名。

【译文】

再往西三百五十里，有座山叫英鞮山，山上有很多漆树，山下有丰富的金属矿物和玉石，这里的鸟兽都是白色的。涴水从这里发源，然后向北流入陵羊泽。水里有很多冉遗鱼，长着鱼的身子、蛇的脑袋，有六只脚，眼睛和马耳朵相似，吃了它能使人不做噩梦，也可以防御凶邪之气。

又西三百里，曰中曲之山，其阳多玉，其阴多雄黄、白玉及金。有兽焉，其状如马，而白身黑尾，一角，虎牙爪，音如鼓，其名曰驳[①]，是食虎豹，可以御兵。有木焉，其状如棠，而员叶赤实，实大如木瓜，名曰櫰木[②]，食之多力。

【注释】

①駮（bó）：古兽名，非常凶猛。

②櫰（guī）木：树木名。

【译文】

再往西三百里，有座山叫曲山，山的南面盛产玉石，山的北面盛产雄黄、白玉和金属矿物。山中有一种野兽，形状像马，遍体白色，但尾巴是黑色的，长着一只角，有老虎的牙齿和爪子，它的叫声如同击鼓的响声，名字叫駮，吃老虎和豹子，把它饲养在身边能躲避兵器的伤害。山中有一种树木，形状像棠梨树，但叶子是圆的，结红色的果实，果实像木瓜那样大，名字叫櫰木，吃了它能力气倍增。

又西二百六十里，曰邽山[①]，其上有兽焉，其状如牛，猬毛，名曰穷奇，音如嗥狗，是食人。濛水出焉，南流注于洋水，其中多黄贝，蠃鱼，鱼身而鸟翼，音如鸳鸯，见则其邑大水。

【注释】

①邽（guī）山：古山名。

【译文】

再往西二百六十里，有座山叫邽山，山上有一种野兽，形状像牛，全身长着刺猬毛。名字叫穷奇，它的叫声如同狗叫，吃人。濛水从这里发源，然后向南流入洋水。濛水中有很多黄色的贝类，水中还有一种蠃鱼，长着鱼的身子，鸟的翅膀，它的叫声像鸳鸯的鸣叫，它出现在哪里，哪里就会发生水灾。

又西二百二十里，曰鸟鼠同穴之山，其上多白虎、白玉。渭水出焉，而东流注于河。其中多鳋鱼[①]，其状如鳣鱼[②]，动则其邑有大兵。滥水[3]出于其西，西流注于汉水，多䱻魮[4]之鱼，其状如覆铫[5]，鸟首而鱼翼鱼尾，音如磬石之声，是生珠玉。

【注释】

①鳋（sāo）鱼：古鱼名。

②鳣（zhān）鱼：也叫鲟鳇鱼，身上有甲胄。

③滥（jiàn）水：古水名。

④䱻魮（rú pí）：古代传说中的一种鱼类，能产珍珠。

⑤铫（yáo）：一种小锅，带柄有流嘴。

【译文】

再往西二百二十里，有座山叫鸟鼠同穴山，山上有很多白色的老虎和洁白的玉石。渭水从这里发源，然后向东流入黄河。水中有很多鳋鱼，形状像鳣鱼，它在哪个地方出现，哪里就会发生大的战争。滥水从鸟鼠同穴山的西面发源，然后向西流入汉水，水中有很多䱻魮鱼，形状像反转过来的铫，长着鸟的脑袋，鱼一样的鳍和尾巴，它的叫声像敲击磬石发出的响声，它的身体里能够长出珠玉。

西南三百六十里，曰崦嵫之山[1]，其上多丹木，其叶如榖，其实大如瓜，赤符而黑理，食之已瘅，可以御火。其阳多龟，其阴多玉。苕水出焉，而西流注于海，其中多砥砺。有兽焉，其状马身而鸟翼，人面蛇尾，是好举人，名曰孰湖。有鸟焉，其状如鸮而人面，蜼[2]身犬尾，其名自号也，见则其邑大旱。

【注释】

①崦嵫（yān zī）之山：山名，古代指太阳落山的地方。

②蜼（wèi）：传说中的一种长尾猿，似猕猴一类。

【译文】

往西南三百六十里，有座山叫崦嵫山，山上有很多丹树，丹树的叶子与构树的叶子相似，果实像瓜那样大，花萼是红色的，并且带有黑色的纹理，吃了这种树的果实，可以医治黄疸病，还可以防御火灾。山的南面有很多乌龟，山的北面有很多玉石。苕水从这里发源，然后向西流入大海，水中有很多磨刀石。山中有一种野兽，形状像马，长着鸟的翅膀，人的面孔，蛇的尾巴，它喜欢把人抱着举起，名字叫孰湖。山中有一种鸟，形状像鸮，长着人的面孔，蜼一样的身子，狗一样的尾巴，它的叫声就是自己的名字，它出现在哪里，哪里就会发生严重的旱灾。

凡西次四经，自阴山以下，至于崦嵫之山，凡十九山，三千六百八十里。其神祠礼，皆用一白鸡祈，糈以稻米，白菅为席。

【译文】

西方第四列山系，从阴山开始，到崦嵫山为止，共十九座山，三千六百八十里。祭祀诸山山神的礼仪是：都用一只白色鸡献祭，祭祀的精米用稻米，拿白茅草来做神的座席。

右西经之山，凡七十七山，一万七千五百一十七里。

【译文】

以上是对西方山系的记录，共计七十七座山，一万七千五百一十七里。

北山经第三

北山经之首，曰单狐之山，多机木[①]，其上多华草。逢水出焉，而西流注于泑水，其中多茈石、文石[②]。

【注释】

①机木：桤（qī）木树，长得很像榆树。

②文石：纹理漂亮的石头。

【译文】

北方山系第一列山脉的首座山叫单狐山，山上长有茂密的桤木树，以及茂盛的华草。逢水从这里发源，然后向西流入泑水，水中有很多紫色石头和带着花纹的石头。

又北二百五十里，曰求如之山，其上多铜，其下多玉，无草木。滑水出焉，而西流注于诸毗之水。其中多滑鱼，其状如鳝[①]，赤背，其音如梧[②]，食之已疣[③]。其中多水马，其状如马，而文臂牛尾，其音如呼。

【注释】

①鳝（shàn）：鳝鱼，也称黄鳝。

②梧：梧桐，此处指琴瑟之声。

③疣（yóu）：一种皮肤病。

【译文】

再往北二百五十里，有座山叫求如山，山上的铜储量很大，山下有很多玉石，这座山没有花草树木。滑水从这里发源，然后向西流入诸毗水。水中有很多滑鱼，形状像鳝鱼，但长着红色的脊背，它的叫声就像人在弹奏琴瑟，吃了它能够治愈疣赘病。水中还有很多水马，它们的形状与马相似，只是前腿有花纹，还长着一条牛尾巴，它们的叫声就像人在呼喊。

又北三百里，曰带山，其上多玉，其下多青碧。有兽焉，其状如马，一角有错①，其名曰䑏疏②，可以辟火。有鸟焉，其状如乌，五采而赤文，名曰䳜鵸，是自为牝牡，食之不疽。彭水出焉，而西流注于芘湖之水，其中多儵鱼③，其状如鸡而赤毛，三尾、六足、四目，其音如鹊，食之可以已忧。

【注释】

①错：通“厝”（cuò），磨刀石。

②䑏（huān）疏：古兽名。

③儵鱼：传说中的一种怪鱼。

【译文】

再往北三百里，有座山叫带山，山上盛产玉石，山下有丰富的青石和碧玉。山中有一种像马的野兽，头上长着一只像磨刀石一样的角，它的名字叫䑏疏，把它饲养在身边可以预防火灾。山上还有一种像乌鸦一样的鸟，但长着五彩的羽毛，羽毛上有红色花纹，它的名字叫䳜鵸，这种鸟雌雄同体，不用交配即可繁殖，吃了它不会患上痈疽病。彭水从这座山发源，然后向西流入芘湖。水中有长得像鸡的儵鱼，这种鱼长着红色的羽毛，三条尾巴，六只脚，四只眼睛，它的叫声与喜鹊的叫声类似，吃了它可以使人忘却忧愁。

又北四百里，曰谯明之山，谯水①出焉，西流注于河。其中多何罗之鱼，一首而十身，其音如吠犬，食之已痈②。有兽焉，其状如貆[3]而赤毫，其音如榴榴，名曰孟槐，可以御凶。是山也，无草木，多青、雄黄。

【注释】

①谯（qiáo）水：古水名。

②痈：皮肤和皮下组织的化脓性炎症。

③貆（huán）：豪猪。

【译文】

再往北四百里，有座山叫谯明山，谯水从这里发源，然后向西流入黄河。水中盛产何罗鱼，它有一个脑袋、十个身子，叫声如同狗叫，吃了它的肉可以治疗痈肿病。这座山中还有一种形状像豪猪的野兽，它长着红色的毛，叫声就像辘轳抽水的声音，它的名字叫孟槐，把它饲养在身边可以辟邪。谯明山上没有花草树木，遍布石青和雄黄。

又北三百五十里，曰涿光之山，嚣水[1]出焉，而西流注于河。其中多鳛鳛之鱼[2]，其状如鹊而十翼，鳞皆在羽端，其音如鹊，可以御火，食之不瘅。其上多松柏，其下多棕橿，其兽多麢羊，其鸟多蕃。

【注释】

①嚣（áo）水：古水名。

②鳛（xí）鳛之鱼：传说中的一种怪鱼。

【译文】

再往北三百五十里，有座山叫涿光山，嚣水从这里发源，然后向西流入黄河。水中有很多形状像喜鹊的鳛鳛鱼，它们长着十只翅膀，鳞甲长在羽毛的顶端，鸣叫声和喜鹊的叫声相似，把它们饲养在身边可以防御火灾，吃了它们的肉能治好黄疸病。涿光山上生长着大量的松树和柏树，山下生长着很多棕树和橿树，野兽以麢羊居多，鸟类以蕃鸟居多。

又北三百八十里，曰虢山，其上多漆，其下多桐椐[①]。其阳多玉，其阴多铁。伊水出焉，西流注于河。其兽多橐驼[②]，其鸟多寓[③]，状如鼠而鸟翼，其音如羊，可以御兵。

【注释】

①椐（jū）：椐树，灵寿木，可制作拐杖。

②橐（tuó）驼：骆驼。

③寓：类似蝙蝠。

【译文】

再往北三百八十里，有座山叫虢山，山上生长着茂密的漆树，山下遍布梧桐树和椐树，山的南面盛产玉石，山的北面盛产铁。伊水从这座山发源，然后向西流入黄河。虢山的野兽以橐驼为主，鸟类以寓鸟居多，这种鸟的形状像老鼠，但有鸟的翅膀，它的叫声像羊叫，把它饲养在身边可以防御兵器的伤害。

又北四百里，至于虢山之尾，其上多玉而无石。鱼水出焉，西流注于河，其中多文贝。

【译文】

再往北四百里，就到了虢山的末端，山上遍布美玉，没有石头。鱼水从这里发源，然后向西流入黄河，水中有很多带花纹的贝壳。

又北二百里，曰丹熏之山，其上多樗柏，其草多韭𩐁[①]，多丹雘。熏水出焉，而西流注于棠水。有兽焉，其状如鼠，而菟[②]首麋耳，其音如嗥犬，以其尾飞，名曰耳鼠，食之不睬[③]，又可以御百毒。

【注释】

①韰（xiè）：通“薤”，野菜，可食用。

②菟：通“兔”。

③脎（cài）：腹部鼓胀。

【译文】

再往北二百里，有座山叫丹熏山，上面长着茂盛的臭椿树和柏树，草类以野韭菜和野薤菜居多，还有丰富的丹雘。熏水从这里发源，然后向西流入棠水。丹熏山有一种形状像老鼠的野兽，它长着兔子的脑袋和麋鹿的耳朵，声音像狗叫，用尾巴飞翔，它的名字是耳鼠。吃了它不会得腹部膨胀病，还可以防御百毒的侵害。

又北二百八十里，曰石者之山，其上无草木，多瑶碧。泚水出焉，西流注于河。有兽焉，其状如豹，而文题[①]白身，名曰孟极，是善伏，其鸣自呼。

【注释】

①文题：长着花纹的额头。题，额头。

【译文】

再往北二百八十里，有座山叫石者山，山上草木不生，遍布瑶、碧一类的美玉。泚水从这里发源，然后向西流入黄河。山中有一种像豹子的野兽，名字叫孟极，它长着带花纹的额头和白色的身子，非常善于隐藏自己，叫声就是自己的名字。

又北百一十里，曰边春之山，多葱[①]、葵、韭、桃[②]、李。杠水出焉，而西流注于泑泽。有兽焉，其状如禺而文身，善笑，见人则卧，名曰幽鴳[③]，其鸣自呼。

【注释】

①葱：野菜，俗称山葱。

②桃：野山桃，俗称毛桃。

③幽鴳：古兽名。“鴳”为“頞（è）”之讹。

【译文】

再往北一百一十里，有座山叫边春山，山上有很多野葱、葵菜、韭菜、桃树和李子树。杠水从这里发源，然后向西流入泑泽。山中有一种像猿猴的野兽，它的身上长满花纹，喜欢笑，一看见人就装睡，它的名字是幽鴳，叫声就是自己的名字。

又北二百里，曰蔓联之山，其上无草木。有兽焉，其状如禺而有鬣[①]，牛尾、文臂、马蹄，见人则呼，名曰足訾[②]，其鸣自呼。有鸟焉，群居而朋飞，其毛如雌雉[③]，名曰鵁[④]，其鸣自呼，食之已风。

【注释】

①鬣（liè）：野兽头、颈上的鬃毛。

②足訾（zī）：兽名。

③雉（zhì）：野鸡。

④鵁（jiāo）：鸟名。

【译文】

再往北二百里，有座山叫蔓联山，山上不生草木。山中有一种像猿猴的野兽，脖子上长有鬃毛，还长着牛尾巴，双臂上有花纹，蹄子像马蹄，见到人就大声喊叫，它的名字叫足訾，叫声就是自己的名字。蔓联山还有一种鸟，喜欢成群居住，结伴飞行，羽毛很像雌野鸡的羽毛，它的名字叫鵁，叫声就是自己的名字，吃了它可以治疗中风。

又北百八十里，曰单张之山，其上无草木。有兽焉，其状如豹而长尾，人首而牛耳，一目，名曰诸犍，善咤[①]，行则衔其尾，居则蟠[②]其尾。有鸟焉，其状如雉，而文首、白翼、黄足，名曰白鵺，食之已嗌[③]痛，可以已痸[④]。栎水出焉，而南流注于杠水。

【注释】

①咤（zhà）：大声吼叫。

②蟠（pán）：盘曲。

③嗌（yì）：咽喉。

④痸（chì）：痴病，癫狂病。

【译文】

再往北一百八十里，有座山叫单张山，山上没有花草树木。山中有一种像豹子的野兽，长着长长的尾巴，人一样的脑袋，牛一样的耳朵，它只有一只眼睛，名字叫诸犍。这种野兽喜欢大声吼叫，走路时用嘴衔着尾巴，睡觉时就把尾巴盘结起来。山上还有一种长得像野鸡的鸟，头上有各种花纹，长着白色的翅膀，黄色的脚，名字叫白鵺。吃了它可以治疗咽喉疼痛，还可以治疗癫狂病。栎水从这座山发源，然后向南流入杠水。

又北三百二十里，曰灌题之山，其上多樗柘[①]，其下多流沙，多砥。有兽焉，其状如牛而白尾，其音如训[②]，名曰那父。有鸟焉，其状如雌雉而人面，见人则跃，名曰竦斯，其鸣自呼也。匠韩之水出焉，而西流注于泑泽，其中多磁石[③]。

【注释】

①柘（zhè）：柘树。

②训：同“叫”，大叫。

③磁石：磁铁石，一种天然矿石。

【译文】

再往北三百二十里，有座山叫灌题山，山上长满臭椿树和柘树，山下沉积着流沙，还有大量的磨刀石。山中有一种长得像牛的野兽，它有一条白尾巴，叫声就像人在呼喊，它的名字叫那父。灌题山还有一种鸟，就像雌野鸡，长着人的脸孔，看见人就会不断跳跃，它的名字叫竦斯，叫声就是自己的名字。匠韩水从这里发源，然后向西流入泑泽，水中有许多磁铁石。

又北二百里，曰潘侯之山，其上多松柏，其下多榛楛，其阳多玉，其阴多铁。有兽焉，其状如牛，而四节生毛，名曰旄牛[①]。边水出焉，而南流注于栎泽。

【注释】

①旄（máo）牛：牦牛。

【译文】

再往北二百里，有座山叫潘侯山，山上长满松树和柏树，山下则遍布榛树和楛树，山的南面盛产玉石，山的北面盛产铁。山中有一种长得像牛的野兽，四肢关节都长满长毛，它的名字叫牦牛。边水从这里发源，然后向南流入栎泽。

又北二百三十里，曰小咸之山，无草木，冬夏有雪。

【译文】

再往北二百三十里，有座山叫小咸山，山上草木不生，冬、夏都被冰雪覆盖。

北二百八十里，曰大咸之山，无草木，其下多玉。是山也，四方，不可以上。有蛇名曰长蛇[①]，其毛如彘豪，其音如鼓柝[②]。

【注释】

①长蛇：传说长几十丈，能把鹿、象等大型动物吞入腹中。

②柝（tuò）：古代巡夜人敲击的一种木梆子。

【译文】

往北二百八十里，有座山叫大咸山，山上没有花草树木，山下盛产美玉。这是座四方形的山，人们很难攀爬上去。山中有一种蛇叫长蛇，它的毛像猪鬃，声音就像更夫在敲击木梆。

又北三百二十里，曰敦薨[①]之山，其上多棕枬，其下多茈草。敦薨之水出焉，而西流注于泑泽。出于昆仑之东北隅，实惟河原。其中多赤鲑[②]。其兽多兕、旄牛，其鸟多尸鸠[③]。

【注释】

①敦薨（hōng）：古山名，亦是古水名。

②赤鲑（guī）：河豚。

③尸鸠：布谷鸟。

【译文】

再往北三百二十里，有座山叫敦薨山，山上生长着棕树和楠树，山下遍布紫草。敦薨水从这里发源，然后向西流入泑泽。泑泽在昆仑山的东北角，是黄河的源头。水中生长着很多赤鲑鱼。敦薨山上的野兽以兕、牦牛为主，鸟类以布谷鸟居多。

又北二百里，曰少咸之山，无草木，多青碧。有兽焉，其状如牛，而赤身、人面、马足，名曰窫窳[①]，其音如婴儿，是食人。敦水出焉，东流注于雁门之水，其中多鲱鲱之鱼[②]，食之杀人。

【注释】

①窫窳（yà yǔ）：古代传说中凶猛的怪兽。

②鲱（bèi）鲱之鱼：河豚鱼。

【译文】

再往北二百里，有座山叫少咸山，山上草木不生，到处是青石和碧玉。山中有一种长得像牛的野兽，它有红色的身子、人的面孔和马的蹄子，名字叫窫窳，它的叫声如同婴儿的啼哭，吃人。敦水从这里发源，然后向东流入雁门水，水中有很多鲱鲱鱼，人吃了它会中毒而亡。

又北二百里，曰狱法之山，瀤泽之水出焉，而东北流注于泰泽，其中多鱳鱼[①]，其状如鲤而鸡足，食之已疣。有兽焉，其状如犬而人面，善投，见人则笑，其名曰山[②]，其行如风，见则天下大风。

【注释】

①鱳（zǎo）鱼：传说中的一种鱼。

②山浑（huī）：古兽名，猿类。

【译文】

再往北二百里，有座山叫狱法山，瀤泽水从这里发源，然后向东北流入泰泽。水中盛产鱳鱼，它的形状像鲤鱼却长着鸡爪子，吃了它能治愈赘瘤病。山中还有一种长得像狗的野兽，长着人的面孔，擅长投掷东西，一看见人就笑，它的名字叫山浑，行走快如疾风，它一出现就会刮起大风。

又北二百里，曰北岳之山，多枳棘[①]刚木[②]。有兽焉，其状如牛，而四角、人目、彘耳，其名曰诸怀，其音如鸣雁，是食人。诸怀之水出焉，而西流注于嚣水。其中多鮨鱼[③]，鱼身而犬首，其音如婴儿，食之已狂。

【注释】

①棘：酸枣树。

②刚木：木质硬的树。

③鮨（yì）鱼：传说中的一种鱼。

【译文】

再往北二百里，有座山叫北岳山，山上长满枳树、酸枣树和檀一类的树木。山中有一种长得像牛的野兽，它长有四只角、人眼、猪耳，名字叫诸怀，它的声音像大雁的鸣叫，吃人。诸怀水从这里发源，向西流入嚣水，水中生长着鮨鱼，鱼身，狗头，声音像婴儿的啼哭，人吃了它能治疗疯癫病。

又北百八十里，曰浑夕之山，无草木，多铜玉。嚣水出焉，而西北流注于海。有蛇一首两身，名曰肥遗，见则其国大旱。

【译文】

再往北一百八十里，有座山叫浑夕山，山上不生草木，产大量铜和玉石。嚣水从这里发源，向西北流入大海。这里长有一种一头两身的蛇，名字叫肥遗，它在哪个国家出现，那里就会发生大旱灾。

又北五十里，曰北单之山，无草木，多葱韭。

【译文】

再往北五十里，有座山叫北单山，山上草木不生，只长着茂密的野葱和野韭菜。

又北百里，曰罴差之山，无草木，多马①。

【注释】

①马：此处指野马，比驯养的马个头小。

【译文】

再往北一百里，有座山叫罴差山，山上不生草木，有很多野马。

又北百八十里，曰北鲜之山，是多马。鲜水出焉，而西北流注于涂吾之水。

【译文】

再往北一百八十里，有座山叫北鲜山，山上有很多野马。鲜水从这里发源，向西北流入涂吾水。

又北百七十里，曰隄山，多马。有兽焉，其状如豹而文首，名曰狕。隄水出焉，而东流注于泰泽，其中多龙龟①。

【注释】

①龙龟：龙种龟身的怪兽，也称为吉吊。

【译文】

再往北一百七十里，有座山叫隄山，山中生长着野马。有一种长得像豹子的野兽，头部有花纹，它的名字叫狕。隄水从这里发源，向东流入泰泽，隄水中生长着龙龟。

凡北山经之首，自单狐之山至于隄山，凡二十五山，五千四百九十里，其神皆人面蛇身。其祠之：毛用一雄鸡彘瘗，吉玉用一珪，瘗而不糈。其山北人，皆生食不火之物。

【译文】

北部的第一系列山系，从单狐山到隄山，共有二十五座，长五千四百九十里。这些山的山神都是人面蛇身。祭祀山神的礼仪是：将一整只公鸡和猪埋入地下。祭神用的吉玉是玉珪，埋入地下，不用精米。祭祀时，住在山北的人都要吃生食。

北次二经之首，在河之东，其首枕汾，其名曰管涔之山[①]。其上无木而多草，其下多玉。汾水出焉，而西流注于河。

【注释】

①管涔（cén）之山：山名。

【译文】

北部山系第二组山脉的第一座山在黄河以东，它头枕汾水，名叫管涔山。山上不生树木，只有茂密的草丛，山下盛产玉石。汾水从这里发源，向西流入黄河。

又北二百五十里，曰少阳之山，其上多玉，其下多赤银[①]。酸水出焉，而东流注于汾水，其中多美赭[②]。

【注释】

①赤银：银的一种，可能为浅红色。

②赭（zhě）：一种含铁质矿物的红土。

【译文】

再往北二百五十里，有座山叫少阳山，山上盛产玉石，山下遍布赤银矿。酸水从这里发源，向东流入汾水，酸水中有漂亮的赭石。

又北五十里，曰县雍之山，其上多玉，其下多铜，其兽多闾[①]麋，其鸟多白翟、白鹄[②]。晋水出焉，而东南流注于汾水。其中多鮆鱼，其状如儵而赤鳞，其音如叱，食之不骚[③]。

【注释】

①闾：山驴。

②白鹔（yǒu）：一种像野鸡的鸟。

③骚：指狐臭。

【译文】

再往北五十里，有座山叫县雍山，山上遍布玉石，山下盛产铜，山中的野兽以山驴和麋鹿居多，鸟类以白色野鸡和白鹔鸟居多。晋水从这里发源，向东南流入汾水。水中有很多鮆鱼，它的形状像小鯈鱼，长有红色的鳞甲，声音如人的斥骂声。人吃了它不会得狐臭。

又北二百里，曰狐岐之山，无草木，多青碧。胜水出焉，而东北流注于汾水，其中多苍玉。

【译文】

再往北二百里，有座山叫狐岐山，山上不生草木，到处是青石碧玉。胜水从这里发源，向东北流入汾水，水中有大量的青玉。

又北三百五十里，曰白沙山，广员三百里，尽沙也，无草木鸟兽。鲔水[①]出于其上，潜于其下，是多白玉。

【注释】

①鲔（wěi）水：水名。

【译文】

再往北三百五十里，有座山叫白沙山，方圆三百里，到处是沙子，草木不生，鸟兽不长。鲔水从山顶发源，潜流到山下，水中多产白玉。

又北四百里，曰尔是之山，无草木，无水。

【译文】

再往北四百里，有座山叫尔是山，不生草木，也没有水。

又北三百八十里，曰狂山，无草木。是山也，冬夏有雪。狂水出焉，而西流注于浮水，其中多美玉。

【译文】

再往北三百八十里，有座山叫狂山，不长草木。这座山冬、夏都有积雪。狂水从这里发源，向西流入浮水，水中盛产美玉。

又北三百八十里，曰诸余之山，其上多铜玉，其下多松柏。诸余之水出焉，而东流注于旄水。

【译文】

再往北三百八十里，有座山叫诸余山，山上盛产铜和玉，山下是茂盛的松树和柏树。诸余水从这里发源，向东流入旄水。

又北三百五十里，曰敦头之山，其上多金玉，无草木。旄水出焉，而东流注于邛泽[①]。其中多䮗马[②]，牛尾而白身，一角，其音如呼。

【注释】

①邛（qióng）泽：古水名。

②䮗（bó）马：古兽名，一种野马。

【译文】

再往北三百五十里，有座山叫敦头山，山上盛产金属矿物和玉石，不生草木。旄水从这里发源，向东流入邛泽。山中有很多野马，它们长着牛尾巴和白身子，只有一只角，声音就像人的呼喊。

又北三百五十里，曰钩吾之山，其上多玉，其下多铜。有兽焉，其状羊身人面，其目在腋下，虎齿人爪，其音如婴儿，名曰狍鸮[①]，是食人。

【注释】

①狍鸮（xiāo）：传说中的一种怪兽，吃人。

【译文】

再往北三百五十里，有座山叫钩吾山，山上盛产玉石，山下有铜矿。山中有一种像羊的野兽，人面，眼睛在腋下，牙像老虎的牙，爪子像人手，声音像婴儿啼哭，它的名字叫狍鸮，吃人。

又北三百里，曰北嚣之山，无石，其阳多碧，其阴多玉。有兽焉，其状如虎，而白身犬首，马尾彘鬣，名曰独狢[①]。有鸟焉，其状如乌，人面，名曰鹭鹛[②]，宵飞而昼伏，食之已暍[③]。涔水出焉，而东流注于邛泽。

【注释】

①独狢（yù）：野兽。

②鹭鹛（pán mào）：传说中的鸟。

③暍（yē）：中暑。

【译文】

再往北三百里，有座山叫北嚣山，山上没有石头，山南盛产碧玉，山北盛产玉石。山中有一种像虎的野兽，通体白色，长着像狗的脑袋，马一样的尾巴，以及猪一样的鬣毛，它的名字叫独狢。山上还有一种像乌鸦的鸟，有着人的面孔，名字叫鹭鹛，它夜里飞行，白天休息。人吃了它可以消暑。涔水从这里发源，向东流入邛泽。

又北三百五十里，曰梁渠之山，无草木，多金玉。脩水出焉，而东流注于雁门。其兽多居暨，其状如彙[①]而赤毛，其音如豚。有鸟焉，其状如夸父[②]，四翼、一目、犬尾，名曰嚣，其音如鹊，食之已腹痛，可以止衕[③]。

【注释】

①彙（wèi）：刺猬。

②夸父：长得像猕猴的野兽。

③衕（dòng）：腹泻。

【译文】

再往北三百五十里，有座山叫梁渠山，山上草木不生，盛产金矿和玉石。脩水从这里发源，向东流入雁门。山中的野兽主要是居暨兽，它长得像刺猬，全身都是红毛，声音像小猪的叫声。山中还有一种像夸父的鸟，它有四只翅膀、一只眼睛、狗一样的尾巴，名字叫嚣，叫声像喜鹊的声音。人吃了它的肉，可以治疗腹痛，也可以治疗腹泻。

又北四百里，曰姑灌之山，无草木。是山也，冬夏有雪。

【译文】

再往北四百里，有座山叫姑灌山，山上不长花草树木。这座山冬、夏都被冰雪覆盖。

又北三百八十里，曰湖灌之山，其阳多玉，其阴多碧，多马。湖灌之水出焉，而东流注于海，其中多䱇[①]。有木焉，其叶如柳而赤理。

【注释】

①䱇：黄鳝。

【译文】

再往北三百八十里，有座山叫湖灌山，山南盛产美玉，山北盛产青碧玉，山中有很多野马。湖灌水发源于此，向东流入大海，水中有很多黄鳝。山上还有一种形状像柳树的树木，有红色花纹。

又北水行五百里，流沙三百里，至于洹山。其上多金玉，三桑生之，其树皆无枝，其高百仞。百果树生之。其下多怪蛇。

【译文】

再往北走五百里的水路、三百里的流沙就到了洹山。山上盛产金属矿物和玉石，还有一种三桑树，它只有树干，没有枝条，树干高达一百仞。山中生长着各种果树，山下有大量怪蛇。

又北三百里，曰敦题之山，无草木，多金玉，是錞[①]于北海。

【注释】

①錞：依附。这里是高踞的意思。

【译文】

再往北三百里，有座山叫敦题山，山上不长草木，山中盛产金属矿物和玉石。敦题山虎踞在北海岸边。

凡北次二经之首，自管涔之山至于敦题之山，凡十七山，五千六百九十里。其神皆蛇身人面。其祠：毛用一雄鸡彘瘗；用一璧一珪，投而不糈。

【译文】

北部的第二系列山脉，从管涔山到敦题山，共有十七座山，长五千六百九十里。它们的山神都是蛇身人面。祭祀山神的礼仪是：把一只公鸡和一头猪埋入地下；把一块璧和一块珪投入山间，不用精米。

北次三经之首，曰太行之山。其首曰归山，其上有金玉，其下有碧。有兽焉，其状如麢羊而四角，马尾而有距，其名曰䡇[①]，善还[②]，其名自训。有鸟焉，其状如鹊，白身、赤尾、六足，其名曰鷶[③]，是善惊，其鸣自詨[④]。

【注释】

①䡇（hún）：古兽名。

②还（xuán）：通“旋”，盘旋。

③鷶（bēn）：古鸟名。

④詨：同“叫”，大声呼叫。

【译文】

北部山系第三组山脉的第一座山是太行山。太行山以归山为起始，山上盛产金属矿物和玉石，山下盛产碧玉。山中有一种长得像麢羊的野兽，它有四只角、马一样的尾巴和鸡一样的爪子，名字叫䡇，善于旋转，它的叫声就是自己名字的读音。山中还有一种长得像喜鹊的鸟，通体白色、红尾巴、六只脚，名字叫鷶，它十分警觉，叫声就是自己名字的读音。

又东北二百里，曰龙侯之山，无草木，多金玉。决决之水出焉，而东流注于河。其中多人鱼，其状如鳑鱼[①]，四足，其音如婴儿，食之无痴疾。

【注释】

①鳑（tí）鱼：古时一种怪鱼。

【译文】

再往东北二百里，有座山叫龙侯山，山上草木不生，盛产金属矿物和玉石。决决水从这里发源，向东流入黄河。水中有很多像鳑鱼的人鱼，它们长着四只脚，声音像婴儿的啼哭。人吃了鳑鱼不会得疯癫病。

又东北二百里，曰马成之山，其上多文石，其阴多金玉。有兽焉，其状如白犬而黑头，见人则飞，其名曰天马，其鸣自训。有鸟焉，其状如乌，首白而身青、足黄，是名曰鶌鶋[①]，其鸣自詨，食之不饥，可以已寓。

【注释】

①鶌鶋（qū jū）：传说中的鸟名。

【译文】

再往东北二百里，有座山叫马成山，山上盛产带花纹的美石，山北有丰富的金属矿物和玉石。山中有一种像白狗的野兽，它长着黑脑袋，一看见人就飞起来，它的名字叫天马，它的叫声就是自己名字的读音。山里还有一种像乌鸦的鸟，它长着白色脑袋和青色身子、黄色的爪子，它的名字叫鶌鶋，它的叫声是自己的名字。人吃了它就不觉饥饿，还可以治疗健忘症。

又东北七十里，曰咸山，其上有玉，其下多铜，是多松柏，草多茈草。条菅之水出焉，而西南流注于长泽。其中多器酸[①]，三岁一成，食之已疠。

【注释】

①器酸：一种酸味食物，产于静水。

【译文】

再往东北七十里，有座山叫咸山，山上盛产玉石，山下盛产铜，山上生长着茂密的松树和柏树，草类植物以紫草居多。条菅水从这里发源，向西南流入长泽。水中产器酸，三年才能收一次，人吃了可以治愈麻风病。

又东北二百里，曰天池之山，其上无草木，多文石。有兽焉，其状如兔而鼠首，以其背飞，其名曰飞鼠。渑水出焉，潜于其下，其中多黄垩。

【译文】

再往东北二百里，有座山叫天池山，山上不长草木，有很多带花纹的石头。山中有一种像兔子的野兽，它长着老鼠的头，背上有毛，可以借助其飞行，它的名字是飞鼠。渑水从这里发源，潜流到山下，水中盛产黄色的垩土。

又东三百里，曰阳山，其上多玉，其下多金铜。有兽焉，其状如牛而赤尾，其颈腎[①]，其状如句瞿[②]，其名曰领胡，其鸣自詨，食之已狂。有鸟焉，其状如雌雉，而五采以文，是自为牝牡，名曰象蛇，其鸣自詨。留水出焉，而南流注于河。其中有䱻父之鱼[③]，其状如鲋鱼，鱼首而彘身，食之已呕。

【注释】

①腎（shèn）：肉瘤。

②句瞿（gōu qú）：斗的别名。

③䱻（xiàn）父之鱼：传说中一种怪鱼。

【译文】

再往东三百里，有座山叫阳山，山上盛产玉石，山下盛产金和铜。山中有一种像牛的野兽，它长着红尾巴，脖子上长着肉瘤，形状像斗，它的名字是领胡，它的叫声是自己名字的读音，人吃了它的肉可以治疗癫狂病。山中还有一种像母野鸡的鸟，它的羽毛上有色彩缤纷的花纹，而且属于雌雄同体，它的名字叫象蛇，叫声是它自己名字的读音。留水从这里发源，向南流入黄河。水中生长着䱻父鱼，形状像鲫鱼，鱼头猪身，人吃了它的肉可以治疗呕吐。

又东三百五十里，曰贲闻之山，其上多苍玉，其下多黄垩，多涅石[①]。

【注释】

①涅石：黑色矾石，可做染料。

【译文】

再往东北三百五十里，有座山叫贲闻山，山上盛产黑玉，山下盛产黄色垩土和涅石。

又北百里，曰王屋之山，是多石。𣶃水[①]出焉，而西北流注于泰泽。

【注释】

①𣶃（lián）水：水名。

【译文】

再往北一百里，有座山叫王屋山，山上有很多石头，𣶃水从这里发源，向西北流入泰泽。

又东北三百里，曰教山，其上多玉而无石。教水出焉，西流注于河，是水冬干而夏流，实惟干河。其中有两山。是山也，广员三百步，其名曰发丸之山[①]，其上有金玉。

【注释】

①发丸之山：据说发丸山在水中，形状像神人发射的弹丸。

【译文】

再往东北三百里，有座山叫教山，山上盛产美玉，没有普通的石头。教水从这里发源，向西流入黄河。教水冬季会干枯，夏季才会有源源不断的水流，实际上这是条干河。河道中有两座小山，方圆只有三百步，叫发丸山，山上盛产金属矿物和玉石。

又南三百里，曰景山，南望盐贩之泽，北望少泽，其上多草、藷芎[1]，其草多秦椒[2]，其阴多赭，其阳多玉。有鸟焉，其状如蛇，而四翼、六目、三足，名曰酸与，其鸣自詨，见则其邑有恐。

【注释】

①藷芎（yù）：薯蓣，今天所说的山药。

②秦椒：花椒，产于秦地。

【译文】

再往南三百里，有座山叫景山，站在山顶向南可以望见盐池，向北可以望见少泽，山上生长着茂盛的花草，还生长山药，草类以秦椒草居多。山北盛产赭石，山南盛产玉石。山中有一种像蛇的鸟，它长着四只翅膀、六只眼睛、三只脚，名字叫酸与，它的叫声是自己名字的读音。酸与鸟出现的地方会有恐怖的事发生。

又东南三百二十里，曰孟门之山，其上多苍玉，多金，其下多黄垩，多涅石。

【译文】

再往东南三百二十里，有座山叫孟门山，山上盛产黑玉，以及金属矿物，山下遍布黄色的垩土和涅石。

又东南三百二十里，曰平山，平水出于其上，潜于其下，是多美玉。

【译文】

再往东南三百二十里，有座山叫平山，平水发源于此，潜流到山下，水中盛产美玉。

又东二百里，曰京山，有美玉，多漆木，多竹，其阳有赤铜，其阴有玄礵[①]。高水出焉，南流注于河。

【注释】

①玄礵（sù）：黑色的磨刀石。

【译文】

再往东二百里，有座山叫京山，山上盛产美玉，遍布着漆树，以及竹林，这座山的南面盛产黄铜，北面盛产黑色磨刀石。高水从这里发源，向南流入黄河。

又东二百里，曰虫尾之山，其上多金玉，其下多竹，多青碧。丹水出焉，南流注于河。薄水出焉，而东南流注于黄泽。

【译文】

再往东二百里，有座山叫虫尾山，山上盛产金属矿物和玉石，山下生长着茂密的竹林，盛产青石碧玉。丹水从这里发源，向南流入黄河。薄水也发源于此，向东南流入黄泽。

又东三百里，曰彭毗之山，其上无草木，多金玉，其下多水。蚤林之水出焉，东南流注于河。肥水出焉，而南流注于床水，其中多肥遗之蛇。

【译文】

再往东三百里，有座山叫彭毗山，山上草木不生，蕴藏着丰富的金属矿物和玉石，山下遍布水流。蚤林水从这里发源，向东南流入黄河。肥水也发源于此，向南流入床水，附近的水中有很多肥遗蛇。

又东百八十里，曰小侯之山，明漳之水出焉，南流注于黄泽。有鸟焉，其状如乌而白文，名曰鸪鹨[①]，食之不灂[②]。

【注释】

①鸪鹨（gū xí）：古鸟名。

②灂（jiào）：眼睛模糊，视物不清。

【译文】

再往东一百八十里，有座山叫小侯山，明漳水从这里发源，向南流入黄泽。山中有一种像乌鸦的鸟，身上有白色的斑纹，它的名字叫鸪鹨，人吃了它的肉可以使眼睛清亮不模糊。

又东三百七十里，曰泰头之山，共水[①]出焉，南注于虖池[②]。其上多金玉，其下多竹箭。

【注释】

①共（gōng）水：水名。

②虖池（hū tuó）：水名，今河北滹沱河。

【译文】

再往东三百七十里，有座山叫泰头山，共水从这里发源，向南流入虖池水。山上盛产金属矿物和玉石，山下是小竹丛。

又东北二百里，曰轩辕之山，其上多铜，其下多竹。有鸟焉，其状如枭而白首，其名曰黄鸟，其鸣自詨，食之不妒。

【译文】

再往东北二百里，有座山叫轩辕山，山上盛产铜矿，山下遍布竹林。山中有一种像猫头鹰的鸟，它长着白脑袋，名字叫黄鸟，叫声是它自己名字的读音，人吃了它可以不生嫉妒心。

又北二百里，曰谒戾之山，其上多松柏，有金玉。沁水出焉，南流注于河。其东有林焉，名曰丹林。丹林之水出焉，南流注于河。婴侯之水出焉，北流注于汜水。

【译文】

再往北二百里，有座山叫谒戾山，山上生长着茂盛的松树和柏树，还有丰富的金属矿物和玉石。沁水从这里发源，向南流入黄河。谒戾山的东面有一片树林，叫丹林。丹林水发源于此，向南流入黄河。婴侯水也在这里发源，向北流入汜水。

东三百里，曰沮洳之山，无草木，有金玉。濝水[①]出焉，南流注于河。

【注释】

①濝（qí）水：水名。

【译文】

再往东三百里，有座山叫沮洳山，山上不生花草树木，盛产金属矿物和玉石。濝水从这里发源，向南流入黄河。

又北三百里，曰神囷之山，其上有文石，其下有白蛇，有飞虫[①]。黄水出焉，而东流注于洹。滏水出焉，而东流注于欧水。

【注释】

①飞虫：指蠛（miè）蠓、蚊子之类的飞虫。

【译文】

再往北三百里，有座山叫神囷山，山上盛产带漂亮花纹的玉石，山下生长着很多白蛇，还有很多小飞虫。黄水从这里发源，向东流入洹水。滏水也发源于此，向东流入欧水。

又北二百里，曰发鸠之山，其上多柘木[①]。有鸟焉，其状如乌，文首、白喙、赤足，名曰精卫，其鸣自詨。是炎帝[②]之少女名曰女娃，女娃游于东海，溺而不返，故为精卫，常衔西山之木石，以堙[3]于东海。漳水出焉，东流注于河。

【注释】

①柘（zhè）木：柘树，桑树的一种。

②炎帝：神农氏，传说中上古的帝王。

③堙（yīn）：堵塞。

【译文】

再往北二百里，有座山叫发鸠山，山上生长着茂密的柘树，还有一种像乌鸦的鸟，它的头上长着花纹，白色的嘴巴，红色的爪子，名字叫精卫，它的叫声就是自己名字的读音。传说精卫鸟本是炎帝的小女儿，叫作女娃。有一天她在东海游泳时被淹死了，于是就变成了精卫鸟。精卫鸟经常从西山衔小树枝和石头去填淹死它的东海。漳水从这里发源，向东流入黄河。

又东北百二十里，曰少山，其上有金玉，其下有铜。清漳之水出焉，东流注于浊漳之水。

【译文】

再往东北一百二十里，有座山叫少山，山上盛产金属矿物和玉石，山下蕴藏大量的铜。清漳水就发源于此，向东流入浊漳水。

又东北二百里，曰锡山，其上多玉，其下有砥。牛首之水出焉，而东流注于滏水。

【译文】

再往东北二百里，有座山叫锡山，山上盛产玉石，山下盛产磨刀石。牛首水从这里起源，向东流入滏水。

又北二百里，曰景山，有美玉。景水出焉，东南流注于海泽。

【译文】

再往北二百里，有座山叫景山，景山上到处都是美玉。景水从这里发源，向东南流入海泽。

又北百里，曰题首之山，有玉焉，多石，无水。

【译文】

再往北一百里，有座山叫题首山，山中盛产玉石，还有很多石头，没有水。

又北百里，曰绣山，其上有玉、青碧。其木多栒[①]，其草多芍药、芎藭。洧水出焉，而东流注于河，其中有鳠、黾[②]。

【注释】

①栒（xún）：栒树，木质坚硬，可制作拐杖。

②鳠（hù）：类似于鲇鱼。黾（měng）：蛙的一种，青色。

【译文】

再往北一百里，有座山叫绣山，山上盛产玉石和青色碧玉，山中的树以栒树居多，草类以芍药、芎藭居多。洧水从这里发源，向东流入黄河，水中有鳠鱼和黾蛙。

又北百二十里，曰松山，阳水出焉，东北流注于河。

【译文】

再往北一百二十里，有座山叫松山，阳水从这里发源，向东北流入黄河。

又北百二十里，曰敦与之山，其上无草木，有金玉。溹水[①]出于其阳，而东流注于泰陆之水；泜水[②]出于其阴，而东流注于彭水。槐水出焉，而东流注于泜泽。

【注释】

①滱（suǒ）水：水名。

②泜水：水名。

【译文】

再往北一百二十里，有座山叫敦与山，山上草木不生，有大量的金属矿物和玉石。滱水从敦与山的南面山脚向东流入泰陆水；泜水从敦与山的北面山脚向东流入彭水。槐水也发源于此，向东流入泜泽。

又北百七十里，曰柘山，其阳有金玉，其阴有铁。历聚之水出焉，而北流注于洧水。

【译文】

再往北一百七十里，有座山叫柘山，山南盛产金属矿物和玉石，山北盛产铁。历聚水从这里发源，向北流入洧水。

又北三百里，曰维龙之山，其上有碧玉，其阳有金，其阴有铁。肥水出焉，而东流注于皋泽，其中多礨石[①]。敞铁之水出焉，而北流注于大泽。

【注释】

①礨（lěi）石：大石头。

【译文】

再往北三百里，有座山叫维龙山，山上盛产碧玉，山南藏有金矿，山北藏有铁矿。肥水从这里发源，向东流入皋泽水，肥水中有很多耸立的大石头，敞铁水也从这座山发源，向北流入大泽。

又北百八十里，曰白马之山，其阳多石玉，其阴多铁，多赤铜。木马之水出焉，而东北流注于虖沱。

【译文】

再往北一百八十里，有座山叫白马山，山南蕴藏大量普通的石头和玉石，山北盛产铁矿，还有很多赤铜矿。木马水发源于此，再向东北流入滹沱河。

又北二百里，曰空桑之山，无草木，冬夏有雪。空桑之水出焉，东流注于虖沱。

【译文】

再往北二百里，有座山叫空桑山，山上寸草不生，无论是冬天还是夏天都是冰雪覆盖。空桑水从这里发源，向东流入滹沱河。

又北三百里，曰泰戏之山，无草木，多金玉。有兽焉，其状如羊，一角一目，目在耳后，其名曰辣辣①，其鸣自训。虖沱之水出焉，而东流注于溇水②。液女之水出于其阳，南流注于沁水。

【注释】

①辣（dōng）辣：传说的野兽名。

②溇（lóu）水：古水名。

【译文】

再往北三百里，有座山叫泰戏山，山上寸草不生，蕴藏丰富的金属矿物和玉石。山中有一种像羊的野兽，它长着一只角和一只眼睛，眼睛在耳朵后面，名字叫辣辣，叫声与它自己名字的读音相同。滹沱水发源于此，向东流入溇水。液女水是从泰戏山的南面向南流入沁水。

又北三百里，曰石山，多藏金玉。濩濩[1]之水出焉，而东流注于虖沱；鲜于之水出焉，而南流注于虖沱。

【注释】

①濩（huò）濩：水名。

【译文】

再往北三百里，有座山叫石山，山上有大量的金属矿物和玉石。濩濩水从这里发源，向东流入滹沱河；鲜于水从这里起源，向南流入滹沱河。

又北二百里，曰童戎之山，皋涂之水出焉，而东流注于溇液水。

【译文】

再往北二百里，有座山叫童戎山，皋涂水从这里起源，向东流入溇液水。

又北三百里，曰高是之山，滋水出焉，而南流注于虖沱。其木多棕，其草多条。滱水[1]出焉，东流注于河。

【注释】

①滱（kòu）水：古水名。

【译文】

再往北三百里，有座山叫高是山，滋水发源于此，向南流入滹沱河。山上多生长棕树，草类以多条草居多。滱水从这里发源，向东流入黄河。

又北三百里，曰陆山，多美玉。郯水[1]出焉，而东流注于河。

【注释】

①郏（jiāng）水：传说中的水名。

【译文】

再往北三百里，有座山叫陆山，山上蕴藏着美玉，郏水从这里发源，向东流入黄河。

又北二百里，曰沂山[①]，般水出焉，而东流注于河。

【注释】

①沂（yí）山：古山名。

【译文】

再往北二百里，有座山叫沂山，般水发源于此，向东流入黄河。

北百二十里，曰燕山，多婴石[①]。燕水出焉，东流注于河。

【注释】

①婴石：像玉一样有花纹的美石。

【译文】

往北一百二十里，有座山叫燕山，山上盛产婴石。燕水从这里发源，向东流入黄河。

又北山行五百里，水行五百里，至于饶山。是无草木，多瑶碧，其兽多橐驼，其鸟多鹠[①]。历虢之水出焉，而东流注于河。其中有师鱼[②]，食之杀人。

【注释】

①鹠（liú）：就是鸺鹠，或横纹小鸮。

②师鱼：鱼名，有毒。

【译文】

再往北走五百里山路，以及五百里水路，就会到达饶山。山上草木不生，盛产瑶、碧等美玉，野兽多是骆驼，鸟类以鸺鹠鸟为主。历虢水从这里发源，向东流入黄河，水中有一种师鱼，人吃了它会中毒而亡。

又北四百里，曰乾山[①]，无草木，其阳有金玉，其阴有铁而无水。有兽焉，其状如牛而三足，其名曰獂[②]，其鸣自詨。

【注释】

①乾山：传说中的山。

②獂（huán）：古兽名。

【译文】

再往北四百里，有座山叫乾山，山上草木不生，山南盛产金属矿物和玉石，山北盛产铁，没有水。山中有一种像牛的野兽，它长着三只脚，名字叫獂，它的叫声是自己名字的读音。

又北五百里，曰伦山，伦水出焉，而东流注于河，有兽焉，其状如麋，其州在尾上，其名曰罴九[①]。

【注释】

①罴（pí）九：古兽名。

【译文】

再往北五百里，有座山叫伦山，伦水从这里发源，向东流入黄河。山中有一种像麋鹿的野兽，肛门长在尾巴的上面，名字叫罴九。

又北五百里，曰碣石之山，绳水出焉，而东流注于河，其中多蒲夷之鱼。其上有玉，其下多青碧。

【译文】

再往北五百里，有座山叫碣石山，绳水从这里发源，向东流入黄河，水中生长着蒲夷鱼。山上盛产玉石，山下盛产青石和碧玉。

又北水行五百里，至于雁门之山，无草木。

【译文】

再往北走五百里水路，就会到达雁门山，山上没有花草树木生长。

又北水行四百里，至于泰泽，其中有山焉，曰帝都之山，广员百里，无草木，有金玉。

【译文】

再往北走四百里水路，就会到达泰泽，在泰泽中有一座山，叫帝都山，山上方圆一百里，草木不生，山上出产金属矿物和玉石。

又北五百里，曰錞于毋逢之山，北望鸡号之山，其风如飚①。西望幽都之山，浴水出焉。是有大蛇，赤首白身，其音如牛，见则其邑大旱。

【注释】

①飚（lì）：形容风速度快。

【译文】

再往北五百里，有座山叫錞于毋逢山，从这座山向北可以望见鸡号山，从那里吹出强劲的风。向西可以望见幽都山，浴水发源于那里。幽都山中有一种大蛇，它长着红色的头和白色的身子，声音就像牛叫，它出现在哪里，哪里就会有大旱灾。

凡北次三经之首，自太行之山以至于毋逢之山[①]，凡四十六山，万二千三百五十里。其神状皆马身而人面者廿[②]神。其祠之：皆用一藻[③]珪瘗之。其十四神状皆彘身而载[④]玉。其祠之：皆玉，不瘗。其十神状皆彘身而八足蛇尾。其祠之：皆用一璧瘗之。大凡四十四神，皆用稌糈米祠之。此皆不火食。

【注释】

①毋逢之山：即上文所说的錞于毋逢山。

②廿（niàn）：二十。

③藻：一种香草。

④载：通“戴”。

【译文】

北部的第三系列山脉，从太行山到毋逢山，共有四十六座，长一万二千三百五十里。其中有二十座山的山神都是马身人面。祭祀他们的礼仪是：把藻珪埋入地下。另外十四座山的山神是猪身，佩戴玉制品，祭祀他们的礼仪是：把玉作为供品，不用埋入地下。还有十个山神都是猪身，长着八只脚，以及蛇尾，在祭祀他们时，都是把一块玉璧埋入地下。这四十四位山神，祭祀时都用精米供奉。祭祀他们都要用生食。

右北经之山志，凡八十七山，二万三千二百三十里。

【译文】

以上是北部山脉，共有八十七座山，二万三千二百三十里。

东山经第四

东山经之首，曰樕螽之山[①]，北临乾昧[②]。食水出焉，而东北流注于海。其中多鳙鳙之鱼[③]，其状如犁牛[④]，其音如彘鸣。

【注释】

①樕螽（sù zhū）之山：山名。

②乾昧：传说中的山。

③鳙（yōng）鳙之鱼：传说的一种怪鱼。

④犁牛：黄黑相杂的牛。

【译文】

东部山系第一组山脉的第一座山叫樕螽山，北面与乾昧山相邻。食水从这里发源，向东北流入大海。水中有大量形状像犁牛的鳙鳙鱼，它们的声音就像猪叫。

又南三百里，曰藟山[①]，其上有玉，其下有金。湖水出焉，东流注于食水，其中多活师[②]。

【注释】

①藟（lěi）山：山名。

②活师：蝌蚪的别名，是青蛙等两栖动物的幼体。

【译文】

再往南三百里，有座山叫藟山，山上产玉石，山下产金属矿物。湖水从这里发源，向东流入食水，水中有很多蝌蚪。

又南三百里，曰栒状之山，其上多金玉，其下多青碧石。有兽焉，其状如犬，六足，其名曰从从，其鸣自詨。有鸟焉，其状如鸡而鼠毛，其名曰蚩鼠[①]，见则其邑大旱。沢水[②]出焉，而北流注于湖水。其中多箴鱼，其状如儵，其喙如箴[③]，食之无疫疾。

【注释】

①蚩（zī）鼠：传说中的怪鸟。

②沢（zhǐ）水：水名。

③箴：通“针”。

【译文】

再往南三百里，有座山叫栒状山，山上盛产金属矿物和玉石，山下盛产青碧和石头。山中有一种像狗的野兽，它长着六只脚，名字叫从从，叫声就像它自己名字的读音。山上还有一种像鸡的鸟，全身长着老鼠的毛，它的名字叫蚩鼠，它出现的地方会有大旱灾。沢水从这里发源，向北流入湖水。水中有大量箴鱼，形状就像儵鱼，它的嘴像针一样尖。人吃了它能增强体质，不会患上瘟疫。

又南三百里，曰勃亝[①]之山，无草木，无水。

【注释】

①亝：“齐”的古字。

【译文】

再往南三百里，有座山叫勃亝山，山上草木不生，也没有水。

又南三百里，曰番条之山，无草木，多沙。减水[①]出焉，北流注于海，其中多鳡鱼[②]。

【注释】

①減（jiǎn）水：水名。減，通“减”。

②鱤（gǎn）鱼：古代称为鳏鱼。

【译文】

再往南三百里，有座山叫番条山，山上草木不生，到处是沙石。減水从这里发源，向北流入大海，水中生长着许多鱤鱼。

又南四百里，曰姑儿之山，其上多漆，其下多桑柘。姑儿之水出焉，北流注于海，其中多鱤鱼。

【译文】

再往南四百里，有座山叫姑儿山，山上生长着茂密的漆树，山下则遍布桑树和柘树。姑儿水从这里发源，向北流入大海，水中生长着许多鱤鱼。

又南四百里，曰高氏之山，其上多玉，其下多箴石。诸绳之水出焉，东流注于泽，其中多金玉。

【译文】

再往南四百里，有座山叫高氏山，山上盛产玉石，山下盛产箴石。诸绳水从这里发源，向东流入湖泽，水中盛产金属矿物和玉石。

又南三百里，曰岳山，其上多桑，其下多樗。泺水①出焉，东流注于泽，其中多金玉。

【注释】

①泺（luò）水：古水名。

【译文】

再往南三百里，有座山叫岳山，山上桑树茂密，山下臭椿树成群。泺水发源于此，向东流入湖泽，水中盛产金属矿物和玉石。

又南三百里，曰犲[①]山，其上无草木，其下多水，其中多堪孖[②]之鱼。有兽焉，其状如夸父而彘毛，其音如呼，见则天下大水。

【注释】

①犲（chái）：通“豺”。

②堪孖（xù）：传说中的一种鱼。

【译文】

再往南三百里，有座山叫犲山，山上草木不生，山下流水遍布，水中生长着堪孖鱼。山中有一种像猿猴的野兽，它长着猪毛，声音像人的喊叫，它一出现天下就会发生水灾。

又南三百里，曰独山，其上多金玉，其下多美石。末涂之水出焉，而东南流注于沔，其中多偹鳙[①]，其状如黄蛇，鱼翼，出入有光，见则其邑大旱。

【注释】

①偹鳙（tiáo yóng）：传说中的一种鱼。

【译文】

再往南三百里，有座山叫独山，山上盛产金属矿物和玉石，山下盛产美丽的石头。末涂水从这里发源，向东南流入沔水，水中生长着大量的偹鳙，这鱼和黄蛇很像，长有鱼鳍，出入水时闪闪发亮，它出现的地方会有大旱灾。

又南三百里，曰泰山[①]，其上多玉，其下多金。有兽焉，其状如豚而有珠，名曰狪狪[②]，其鸣自训。环水出焉，东流注于汶，其中多水玉。

【注释】

①泰山：在山东泰安北面，古称东岳，也称岱山、岱宗。

②狪（tōng）狪：古兽名。

【译文】

再往南三百里，有座山叫泰山，山上盛产玉石，山下盛产金属矿物。山中有一种像猪的野兽，身体里有珠子，它的名字叫狪狪，叫声就像它自己名字的读音。环水从这里发源，向东流入汶水，水里盛产水晶。

又南三百里，曰竹山，錞于汶，无草木，多瑶碧。激水出焉，而东南流注于娶檀之水，其中多茈蠃[①]。

【注释】

①茈蠃（luǒ）：紫色的螺丝。

【译文】

再往南三百里，有座山叫竹山，在汶水旁边，山上草木不生，盛产瑶和碧一类的玉石。激水从这里发源，往东南流入娶檀水中，水中有长着很多紫色的螺丝。

凡东山经之首，自樕螽之山以至于竹山，凡十二山，三千六百里。其神状皆人身龙首。祠：毛用一犬祈，衈[①]用鱼。

【注释】

①衈（ěr）：指古代用牲畜的血作为祭品向神祷告。

【译文】

东部第一系列山脉，从樕螽山到竹山，共有十二座山，长达三千六百里。这些山的山神都是人身龙首。祭祀他们的礼仪是：取一完整的狗取血涂祭，祷告时用鱼。

东次二经之首，曰空桑之山，北临食水，东望沮吴，南望沙陵，西望湣泽[①]。有兽焉，其状如牛而虎文，其音如钦，其名曰軨軨[②]，其鸣自训，见则天下大水。

【注释】

①湣（mǐn）泽：湖泊。

②軨（líng）軨：传说中的野兽。

【译文】

东部山系的第二组山脉的第一座山叫空桑山，其北临食水，站在山上向东可以眺望沮吴山，向南可以眺望沙陵，向西可以眺望湣泽。山中有一种像牛的野兽，它身上长着像老虎的花纹，叫声像人在低吟，它的名字叫軨軨，叫声是它自己名字的读音。它一出现就将会发生水灾。

又南六百里，曰曹夕之山，其下多榖而无水，多鸟兽。

【译文】

再往南六百里，有座山叫曹夕山，山下长着茂盛的构树，没有水，遍布飞鸟和野兽。

又西南四百里，曰峄皋之山[①]，其上多金玉，其下多白垩。峄皋之水出焉，东流注于激女之水，其中多蜃珧[②]。

【注释】

①峄皋（yì gāo）之山：山脉名。

②蜃（shèn）：大蛤蜊。珧（yáo）：小蚌。

【译文】

再往西南四百里，有座山叫峄皋山，山上盛产金属矿物和玉石，山下盛产白垩土。峄皋水从这里发源，向东流入激女水，水中生长着各种蚌蛤。

又南水行五百里，流沙三百里，至于葛山之尾，无草木，多砥砺。

【译文】

再往南走五百里水路，再走过三百里流沙，就会到达葛山的尽头，这里草木不生，到处都是磨刀石。

又南三百八十里，曰葛山之首，无草木。澧水出焉，东流注于余泽，其中多珠蟞[①]鱼，其状如肺而四目，六足有珠，其味酸甘，食之无疠。

【注释】

①蟞（biē）：同“鳖”。

【译文】

再往南三百八十里，就到达了葛山的起始处，这里草木不生。澧水发源于此，向东流入余泽，水中生长着像动物肺一样的珠蟞鱼，它有四只眼睛和六只脚，能吐出珠子，这种鱼的肉酸中带甜，人吃了就不会感染恶疮。

又南三百八十里，曰余峨之山，其上多梓枏，其下多荆芑。杂余之水出焉，东流注于黄水。有兽焉，其状如菟而鸟喙，鸱目蛇尾，见人则眠[①]，名曰犰狳[②]，其鸣自训，见则螽[③]蝗为败。

【注释】

①眠：装死。

②犰狳（qiú yú）：传说中像兔的野兽。

③螽（zhōng）：蝗虫。

【译文】

再往南三百八十里，有座山叫余峨山，山上长着茂盛的梓树和楠树，山下长着茂密的牡荆树和枸杞树。杂余水从这里发源，向东流入黄水。山中有一种像兔子的野兽，它长着鸟嘴、鹰眼和蛇尾，一看见人就会装死，它的名字叫犰狳，叫声是它自己名字的读音，它一出现就会有蝗灾。

又南三百里，曰杜父之山，无草木，多水。

【译文】

再往南三百里，有座山叫杜父山，山上草木不生，流水遍布。

又南三百里，曰耿山，无草木，多水碧[①]，多大蛇。有兽焉，其状如狐而鱼翼，其名曰朱獳[②]，其鸣自训，见则其国有恐。

【注释】

①水碧：水晶石。

②朱獳（rú）：传说中的一种怪兽。

【译文】

再往南三百里，有座山叫耿山，山上不长花草树木，盛产水晶石，还有大蛇。山中有一种像狐狸的野兽，它长着鱼鳍，名字叫朱獳，叫声好像在喊自己的名字。朱獳出现的国家将会发生恐怖的事情。

又南三百里，曰卢其之山，无草木，多沙石。沙水出焉，南流注于涔水。其中多鵹鹕[①]，其状如鸳鸯而人足，其鸣自训，见则其国多土功。

【注释】

①鵹鹕（lí hú）：传说中的鸟。

【译文】

再往南三百里，有座山叫卢其山，山上草木不生，沙石遍布。沙水从这里发源，向南流入涔水。沙水中生长着鹙鹕，它长得像鸳鸯，长着人一样的脚，叫声像在喊自己的名字，它出现的国家会有大兴土木的劳役。

又南三百八十里，曰姑射之山，无草木，多水。

【译文】

再往南三百八十里，有座山叫姑射山，山上寸草不生，流水遍布。

又南水行三百里，流沙百里，曰北姑射之山，无草木，多石。

【译文】

再往南走过三百里水路，以及一百里流沙，就会到达北姑射山，山上寸草不生，石头遍布。

又南三百里，曰南姑射之山，无草木，多水。

【译文】

再往南三百里，有座山叫南姑射山，山上寸草不生，流水遍布。

又南三百里，曰碧山，无草木，多大蛇，多碧、水玉。

【译文】

再往南三百里，有座山叫碧山，山上草木不生，有很多大蛇，蕴藏着丰富的碧玉和水晶石。

又南五百里，曰缑氏之山[①]，无草木，多金玉。原水出焉，东流注于沙泽。

【注释】

①缑（gōu）氏之山：山名。在今河南。

【译文】

再往南五百里，有座山叫缑氏山，山上草木不生，盛产金属矿物和玉石。原水发源于此，向东流入沙泽。

又南三百里，曰姑逢之山，无草木，多金玉。有兽焉，其状如狐而有翼，其音如鸿雁，其名曰獙獙[①]，见则天下大旱。

【注释】

①獙（bì）獙：传说中的怪兽。

【译文】

再往南三百里，有座山叫姑逢山，山上不长草木，盛产金属矿物和玉石。山中有一种像狐狸的野兽，它长着翅膀，叫声像大雁鸣叫，名字叫獙獙，它一出现天下就会发生大旱灾。

又南五百里，曰凫丽之山，其上多金玉，其下多箴石。有兽焉，其状如狐，而九尾、九首、虎爪，名曰蛩蛭[①]，其音如婴儿，是食人。

【注释】

①蛩蛭（lóng zhì）：传说中的兽名。

【译文】

再往南五百里，有座山叫凫丽山，山上盛产金属矿物和玉石，山下盛产箴石。山中有一种像狐狸的野兽，它长着九条尾巴、九个脑袋，以及虎一样的爪子，名字叫蛩蛭，叫声像婴儿啼哭，吃人。

又南五百里，曰磹山[1]，南临磹水，东望湖泽。有兽焉，其状如马而羊目、四角、牛尾，其音如嗥狗，其名曰峳峳[2]，见则其国多狡[3]客。有鸟焉，其状如凫[4]而鼠尾，善登木，其名曰絜钩[5]，见则其国多疫。

【注释】

①磹（yīn）山：山名。

②峳（yóu）峳：传说中的野兽。

③狡：狡猾。

④凫：野鸭子。

⑤絜（xié）钩：古鸟名。

【译文】

再往南五百里，有座山叫磹山，南临磹水，站在山上向东可以眺望湖泽。山中有一种像马的野兽，它长着羊一样的眼睛、四只犄角、牛一样的尾巴，声音像狗叫，名字叫峳峳，它出现的国家会有很多狡猾的政客。山中还有一种像野鸭子的鸟，它长着老鼠尾巴，擅长爬树，名字叫絜钩，它出现的国家会频繁发生瘟疫。

凡东次二经之首，自空桑之山至于磹山，凡十七山，六千六百四十里。其神状皆兽身人面载觡[1]。其祠：毛用一鸡祈，婴用一璧瘗。

【注释】

①载觡：载，通“戴”。觡（gé），指麋鹿头上的角。

【译文】

东部的第二系列山脉，自空桑山到磹山，共有十七座山，长达六千六百四十里。这些山的山神都是兽身人面，头上戴着觡角。祭祀他们的礼仪是：用一整只鸡献祭，将一块玉璧埋入地下。

东次三经之首，曰尸胡之山，北望殍山[①]，其上多金玉，其下多棘。有兽焉，其状如麋而鱼目，名曰妴胡[②]，其鸣自讠。

【注释】

①殍（xiáng）山：古山名。

②妴（wǎn）胡：古代传说中的野兽。

【译文】

东部山系第三组山脉的第一座山叫作尸胡山，站在山上向北可以远眺殍山，尸胡山上盛产金属矿物和玉石，山下长着繁茂的酸枣树。山中有一种像麋鹿的野兽，它长着鱼眼睛，名字叫妴胡，它的叫声是自己名字的读音。

又南水行八百里，曰岐山，其木多桃李，其兽多虎。

【译文】

再往南走过八百里水路，有座山叫岐山，山中生长着桃树和李树，野兽多是老虎。

又南水行五百里，曰诸钩之山，无草木，多沙石。是山也，广员百里，多寐鱼[①]。

【注释】

①寐鱼：又叫嘉鱼、卷口鱼，古人称其为鮇鱼。

【译文】

再往南走过五百里水路，就会到达诸钩山，山上草木不生，沙石遍地。这座山方圆有百里，附近水里生长着很多寐鱼。

又南水行七百里，曰中父之山，无草木，多沙。

【译文】

再往南走过七百里水路，就会到达中父山，山上寸草不生，沙石遍地。

又东水行千里，曰胡射之山，无草木，多沙石。

【译文】

再往东走过一千里水路，就会到达胡射山，山上没有草木生长，沙石遍地。

又南水行七百里，曰孟子之山，其木多梓桐，多桃李。其草多菌蒲[①]，其兽多麋鹿。是山也，广员百里。其上有水出焉，名曰碧阳，其中多鳣鲔[②]。

【注释】

①菌蒲：野菜。

②鳣（zhān）：据说是一种大鱼。鲔（wěi）：鲔鱼，鼻子长，没有鳞甲。

【译文】

再往南走过七百里水路，就会到达孟子山，山上生长了茂密的梓树和桐树，果树以桃树和李树居多，草类以菌类植物和蒲草居多，野兽主要是麋鹿。孟子山方圆百里，山上有水叫碧阳水，水中盛产鳣鱼和鲔鱼。

又南水行五百里，流沙五百里，有山焉，曰跂踵之山，广员二百里，无草木，有大蛇，其上多玉。有水焉，广员四十里，皆涌，其名曰深泽，其中多蠵龟[①]。有鱼焉，其状如鲤，而六足鸟尾，名曰鲐鲐之鱼，其鸣自训。

【注释】

①蠵（xī）龟：也叫赤蠵龟，海中生长的大龟。

【译文】

再往南走过五百里水路，以及五百里流沙，有座山叫跂踵山。它方圆二百里，草木不生，山中有大蛇，山上盛产玉石。这里有一方圆四十里的水泽，水从地下喷涌而出，它的名字叫深泽，水中生长着蠵龟，还有一种像鲤鱼的怪鱼，它长有六只脚，以及像鸟一样的尾巴。它叫鲐鲐鱼，叫声像在喊自己的名字。

又南水行九百里，曰踇隅之山[①]，其上多草木，多金玉，多赭。有兽焉，其状如牛而马尾，名曰精精，其鸣自训。

【注释】

①踇隅（mǔ yú）之山：传说中的山。

【译文】

再往南走过九百里水路，就会到达踇隅山，山上草木丰隆，蕴藏着丰富的金属矿物玉石以及赭石。山中有一种像牛的野兽，它的尾巴像马尾，名叫精精，它的叫声像在喊自己的名字。

又南水行五百里，流沙三百里，至于无皋之山，南望幼海，东望榑木[①]，无草木，多风。是山也，广员百里。

【注释】

①榑（fú）木：扶桑，传说中的神木，据说是太阳升起的地方。

【译文】

再往南走过五百里水路，以及三百里流沙，就会到达无皋山，站在山上向南可以远眺幼海，向东可以远眺榑木，这里不长草木，有大风。无皋山方圆一百里。

凡东次三经之首，自尸胡之山至于无皋之山，凡九山，六千九百里。其神状皆人身而羊角。其祠：用一牡[①]羊，糈用黍[②]。是神也，见则风雨水为败。

【注释】

①牡（mǔ）：鸟兽中的雄性。

②黍（shǔ）：一种谷物，北方人俗称黄米。

【译文】

东部第三个系列的山脉，从尸胡山到无皋山，共有九座山，长达六千九百里。这些山的山神都是人身羊角。祭祀他们的礼仪是：祭品用一只公羊，精米用黄米。这些山神出现的时候，会伴随大风大雨，这时就会发大水，危害庄稼。

又东次四经之首，曰北号之山，临于北海。有木焉，其状如杨，赤华，其实如枣而无核，其味酸甘，食之不疟。食水出焉，而东北流注于海。有兽焉，其状如狼，赤首鼠目，其音如豚，名曰獦狚[①]，是食人。有鸟焉，其状如鸡而白首，鼠足而虎爪，其名曰鬿雀[②]，亦食人。

【注释】

①獦狚（gé dàn）：传说中的野兽。

②鬿（qí）雀：传说中的怪鸟，吃人。

【译文】

东部第四组山脉的第一座山叫作北号山，它在北海边上。山中有一种像杨树的树木，它开着红色的花，果实像枣却没有核，味道酸中带甜，人吃了它可以避免患上疟疾。食水从这里起源，向东北流入大海。山中有一种像狼的野兽，它长着红脑袋和老鼠眼睛，声音就像小猪叫，名字叫獦狚，吃人。山中还有一种像鸡的鸟，它长着白脑袋、老鼠一样的脚和老虎一样的爪子，名字叫鬿雀，也吃人。

又南三百里，曰旄山，无草木。苍体之水出焉，而西流注于展水。其中多鱃鱼[①]，其状如鲤而大首，食者不疣[②]。

【注释】

①鱃（qiū）鱼：泥鳅。

②疣（yóu）：一种皮肤病，皮肤上长小肉瘤。

【译文】

再往南三百里，有座山叫旄山，山上草木不生。苍体水发源于此，向西流入展水，水中生长着鱃鱼，它像鲤鱼，头部很大，人吃了它，皮肤上不长小肉瘤。

又南三百二十里，曰东始之山，上多苍玉。有木焉，其状如杨而赤理，其汁如血，不实，其名曰芑，可以服马。泚水出焉，而东北流注于海，其中多美贝，多茈鱼，其状如鲋，一首而十身，其臭如蘪芜，食之不糟[①]。

【注释】

①糟（pì）：“屁”。

【译文】

再往南三百二十里，有座山叫东始山，山上盛产青玉。山中有一种像杨树的树木，它有红色的纹理，树干中的液汁像血一样，不结果实，名字叫芑，把芑的液汁涂在马身上，它就会变得驯服。泚水从这里发源，向东北流入大海，水中长着许多美丽的贝壳，还有大量像鲫鱼一样的茈鱼，它长着一个脑袋和十个身子，气味与蘼芜草相似，人吃了它之后放屁就少。

又东南三百里，曰女烝之山，其上无草木。石膏水出焉，而西注于鬲水，其中多薄鱼，其状如鳣鱼[①]而一目，其音如欧[②]，见则天下大旱。

【注释】

①鳣（shàn）：通“鳝”，鳝鱼。

②欧：呕吐。

【译文】

再往东南三百里，有座山叫女烝山，山上寸草不生。石膏水发源于此，向西流入鬲水，水中生长着许多薄鱼，长得像鳝鱼，只有一只眼睛，叫声像人的呕吐声，薄鱼出现后就会发生大旱灾。

又东南二百里，曰钦山，多金玉而无石。师水出焉，而北流注于皋泽，其中多鱃鱼，多文贝。有兽焉，其状如豚而有牙[①]，其名曰当康，其鸣自叫，见则天下大穰[②]。

【注释】

①牙：指尖锐而令人恐惧的大牙齿。

②穰（ráng）：丰收。

【译文】

再往东南二百里，有座山叫钦山，山上有许多金属矿物和美玉，没有普通的石头。师水从这里发源，向北流入皋泽，水中生长着大量的鱃鱼，还有很多色彩斑斓的贝壳。山中有一种像小猪的野兽，它长着锋利的牙齿，名字叫当康，叫声像在喊自己的名字，当康出现后就会五谷丰登。

又东南二百里，曰子桐之山，子桐之水出焉，而西流注于余如之泽。其中多䱻鱼[①]，其状如鱼而鸟翼，出入有光，其音如鸳鸯，见则天下大旱。

【注释】

①鲳（huá）鱼：传说中的鱼。

【译文】

再往东南二百里，有座山叫子桐山，子桐水从这里发源，向西流入余如泽。水中盛产鲳鱼，它长得像鱼，有鸟的翅膀，在水面出入时闪闪发光，它的叫声就像鸳鸯在啼叫。鲳鱼出现后，就会雨水稀少，天下大旱。

又东北二百里，曰剡山[①]，多金玉。有兽焉，其状如彘而人面，黄身而赤尾，其名曰合窳[②]，其音如婴儿。是兽也，食人，亦食虫蛇，见则天下大水。

【注释】

①剡山：山名。

②合窳（yǔ）：神话里的野兽。

【译文】

再往东北二百里，有座山叫剡山，山上盛产金属矿物和玉石。山中有一种像猪的野兽，它长着人的面孔，全身金黄，还长有红色的尾巴，它的名字叫合窳，合窳吃人，也吃虫子和蛇。它出现后，天下就会发生洪灾。

又东二百里，曰太山，上多金玉，桢木[①]。有兽焉，其状如牛而白首，一目而蛇尾，其名曰蜚，行水则竭，行草则死，见则天下大疫。钩水出焉，而北流注于劳水，其中多鱃鱼。

【注释】

①桢（zhēn）木：女桢，灌木。

【译文】

再往东二百里，有座山叫太山，山上盛产金属矿物和玉石，长有茂盛的桢树。山中有一种像牛的野兽，它有白色的脑袋、一只眼睛，以及蛇一样的尾巴，名字叫蜚。它行走在水中时，水会干涸；它行走在草中时，草会枯萎；它出现后，天下会发生大瘟疫。钩水从这里发源，向北流入劳水，钩水中生长着许多鱃鱼。

凡东次四经之首，自北号之山至于太山，凡八山，一千七百二十里。

【译文】

东部第四组山脉，从北号山到太山，共有八座山，长达一千七百二十里。

右东经之山志，凡四十六山，万八千八百六十里。

【译文】

以上是东部山系总的记录，共有四十六座山，长达一万八千八百六十里。

中山经第五

中山经薄山之首，曰甘枣之山，共水出焉，而西流注于河。其上多杻木。其下有草焉，葵本而杏叶，黄华而荚实，名曰箨[①]，可以已瞢[②]。有兽焉，其状如䖘鼠[③]而文题，其名曰㔮[④]，食之已瘿。

【注释】

①箨（tuò）：古草名。

②瞢（méng）：目不明，看不清楚东西。

③䖘（huǐ）鼠：古兽名。

④㔮（nuó）：古兽名。

【译文】

中央第一列山系是薄山山系，首座山叫甘枣山，共水从这里发源，然后向西流入黄河。山上有很多杻树。山下有一种草，根和葵菜一样，叶子和杏叶一样，开黄色的花朵，结带荚的果实，名字叫箨，吃了它可以治愈眼睛昏花。山中有一种野兽，形状像䖘鼠，但额头上有花纹，名字叫㔮，吃了它可以治愈颈瘤病。

又东二十里，曰历儿之山，其上多橿，多枥木[①]，是木也，方茎而员叶，黄华而毛，其实如楝[②]，服之不忘。

【注释】

①枥（lì）木：树名。

②楝（liàn）：落叶乔木，花淡紫色，果实椭圆形，种子、种皮都可入药。

【译文】

再往东二十里，有座山叫历儿山，山上有很多橿树，还有很多枥木，这种树木的树干呈方形，叶子呈圆形，开黄色花朵，花瓣上有绒毛，果实像楝树的果实，吃了它可以使人不忘记事情。

又东十五里，曰渠猪之山，其上多竹。渠猪之水出焉，而南流注于河。其中是多豪鱼，状如鲔，而赤喙赤尾赤羽，可以已白癣。

【译文】

再往东十五里，有座山叫渠猪山，山上有很多竹子。渠猪水从这里发源，然后向南流入黄河。水中有很多豪鱼，形状像鲔鱼，长着红色的嘴巴、红色的尾巴和红色的羽毛，吃了它能治愈白癣病。

又东三十五里，曰葱聋之山，其中多大谷，是多白垩，黑、青、黄垩。

【译文】

再往东三十五里，有座山叫葱聋山，山中有许多大峡谷，还有很多白垩土、黑垩土、青垩土、黄垩土。

又东十五里，曰涹山①，其上多赤铜，其阴多铁。

【注释】

①涹（wō）山：古山名。

【译文】

再往东十五里，有座山叫涹山，山上有丰富的赤铜，山的北面盛产铁。

又东七十里，曰脱扈之山，有草焉，其状如葵叶而赤华，荚实，实如棕荚，名曰植楮[1]，可以已癙[2]，食之不眯。

【注释】

①植楮：传说中的草名。

②癙（shǔ）：忧郁病。

【译文】

又往东七十里，有座山叫脱扈山，山中有一种草，形状像葵菜的叶子，开红色的花，结带荚的果实，果实的荚像棕树的荚，名字叫植楮，可以用它治愈忧郁病，吃了它能使人不做噩梦。

又东二十里，曰金星之山，多天婴，其状如龙骨，可以已痤。

【译文】

再往东二十里，有座山叫金星山，山中有很多天婴，它的形状与龙骨相似，可以用来医治痤疮。

又东七十里，曰泰威之山，其中有谷，曰枭谷，其中多铁。

【译文】

再往东七十里，有座山叫泰威山，山中有一道峡谷，名叫枭谷，枭谷中蕴藏着丰富的铁矿。

又东十五里，曰橿谷之山，其中多赤铜。

【译文】

再往东十五里，有座山叫橿谷山，山中盛产赤铜。

又东百二十里，曰吴林之山，其中多葌草[①]。

【注释】

①葌（jiān）草：兰草。

【译文】

再往东一百二十里，有座山叫吴林山，山中有很多兰草。

又北三十里，曰牛首之山，有草焉，名曰鬼草，其叶如葵而赤茎，其秀[①]如禾，服之不忧。劳水出焉，而西流注于潏水。是多飞鱼，其状如鲋鱼，食之已痔衕[②]。

【注释】

①秀：泛指草木的花。

②痔衕（dòng）：痔漏。

【译文】

再往北三十里，有座山叫牛首山，山中有一种草，名字叫鬼草，它的叶子像葵菜，有红色的茎干，开的花像禾苗吐出的穗，吃了它能使人没有忧愁。劳水从这里发源，然后向西流入潏水。水中有很多飞鱼，形状像鲋鱼，吃了它可以治愈痔漏。

又北四十里，曰霍山，其木多穀。有兽焉，其状如狸，而白尾有鬣，名曰朏朏[①]，养之可以已忧。

【注释】

①朏（fěi）朏：神话传说中的一种异兽。

【译文】

再往北四十里，有座山叫霍山，山上有很多构树。山中有一种野兽，形状像狸，长着白色的尾巴，脖子上有鬃毛，名字叫朏朏，把它饲养在身边可以使人忘记忧愁。

又北五十二里，曰合谷之山，是多薝棘。

【译文】

再往北五十二里，有座山叫合谷山，山上生长着茂密的薝棘。

又北三十五里，曰阴山，多砺石、文石。少水出焉，其中多雕棠，其叶如榆叶而方，其实如赤菽[①]，食之已聋。

【注释】

①菽（shū）：豆类的总称。

【译文】

再往北三十五里，有座山叫阴山，山中有很多磨刀石和五彩斑斓的石头。少水从这里发源，山中有很多雕棠树，它的叶子与榆树叶相似，呈四方形，结的果实如同红豆，吃了它能够治愈耳聋。

又东北四百里，曰鼓镫之山，多赤铜。有草焉，名曰荣草，其叶如柳，其本如鸡卵，食之已风。

【译文】

再往东北四百里，有座山叫鼓镫山，山上盛产赤铜。山中有一种草，名叫荣草，它的叶子与柳树叶相似，根茎好像鸡蛋，吃了它能治愈风痹病。

凡薄山之首，自甘枣之山至于鼓镫之山，凡十五山，六千六百七十里。历儿，冢也。其祠礼：毛，太牢之具；县[①]婴以吉玉。其余十三山者，毛用一羊，县婴用藻珪，瘗而不糈。藻珪者，藻玉也，方其下而锐其上，而中穿之加金。

【注释】

①县（xuán）：同“悬”。

【译文】

总计薄山山系之首尾，从甘枣山开始，到鼓镫山为止，共十五座山，六千六百七十里。历儿山是诸山的宗主，祭祀这座山山神的礼仪如下：用猪、牛、羊齐全的三牲作为祭品，再悬挂吉玉环绕献祭。祭祀其余十三座山的山神，用一只羊作为祭品，再悬挂藻珪环绕献祭，祭祀结束后把它埋入地下，不用精米祀神。所谓藻珪，就是藻玉，下端呈长方形而上端有尖角，中间有穿孔并镶嵌金属。

中次二经济山之首，曰辉诸之山，其上多桑，其兽多闾[①]麋，其鸟多鹖[②]。

【注释】

①闾（lú）：古兽名。

②鹖（hé）：一种像雉而善斗的鸟。

【译文】

中央第二列山系是济山山系，首座山叫辉诸山，山上有很多桑树，山中的野兽大多是闾和麋鹿，鸟类大多是鹖。

又西南二百里，曰发视之山，其上多金玉，其下多砥砺。即鱼之水出焉，而西流注于伊水。

【译文】

再往西南二百里，有座山叫发视山，山上有丰富的金属矿物和玉石，山下有很多磨刀石。即鱼水从这里发源，然后向西流入伊水。

又西三百里，曰豪山，其上多金玉而无草木。

【译文】

再往西三百里，有座山叫豪山，山上有丰富的金属矿物和玉石，但没有花草树木。

又西三百里，曰鲜山，多金玉，无草木。鲜水出焉，而北流注于伊水。其中多鸣蛇，其状如蛇而四翼，其音如磬，见则其邑大旱。

【译文】

再往西三百里，有座山叫鲜山，山上有丰富的金属矿物和玉石，但没有花草树木。鲜水从这里发源，然后向北流入伊水。水中有很多鸣蛇，它的形状与蛇相似，但长着四只翅膀，叫声如同敲磬的声音，它在哪里出现，哪里就会发生大旱灾。

又西三百里，曰阳山，多石，无草木。阳水出焉，而北流注于伊水。其中多化蛇，其状如人面而豺身，鸟翼而蛇行，其音如叱呼，见则其邑大水。

【译文】

再往西三百里，有座山叫阳山，山中有很多石头，但没有花草树木。阳水从这里发源，然后向北流入伊水。水中有很多化蛇，长着人的面孔，豺的身子，鸟的翅膀，像蛇一样爬行，它的叫声好像人的呵斥声，它在哪里出现，哪里就会发生水灾。

又西二百里，曰昆吾之山，其上多赤铜。有兽焉，其状如彘而有角，其音如号，名曰蛩蛭，食之不眯。

【译文】

再往西二百里，有座山叫昆吾山，山上有丰富的赤铜。山中有一种野兽，形状像猪，但头上有角，它的叫声好像人在号啕大哭，名字叫蛩蛭，吃了它就不会做噩梦。

又西百二十里，曰葌山，葌水出焉，而北流注于伊水，其上多金玉，其下多青、雄黄。有木焉，其状如棠而赤叶，名曰芒草[①]，可以毒鱼。

【注释】

①芒草：又作莽草，是一种有毒性的草。

【译文】

再往西一百二十里，有座山叫葌山，葌水从这里发源，然后向北流入伊水，山上有丰富的金属矿物和玉石，山下有很多石青和雄黄。山上有一种植物，形状像棠梨树，但叶子是红色的，名字叫芒草，可以用它来毒鱼。

又西一百五十里，曰独苏之山，无草木而多水。

【译文】

再往西一百五十里，有座山叫独苏山，山上没有花草树木，但是有很多水流。

又西二百里，曰蔓渠之山，其上多金玉，其下多竹箭。伊水出焉，而东流注于洛。有兽焉，其名曰马腹，其状如人面虎身，其音如婴儿，是食人。

【译文】

再往西二百里，有座山叫蔓渠山，山上有丰富的金属矿物和玉石，山下有很多小竹丛。伊水从这里发源，然后向东流入洛水。山中有一种野兽，名字叫马腹，长着人的面孔，老虎的身子，它的叫声好像婴儿啼哭，这种野兽吃人。

凡济山经之首，自辉诸之山至于蔓渠之山，凡九山，一千六百七十里。其神皆人面而鸟身。祠用毛，用一吉玉，投而不糈。

【译文】

总计济山山系之首尾，从辉诸山开始，到蔓渠山为止，共九座山，一千六百七十里。这些山的山神都有人的面孔，鸟的身子。祭祀他们的礼仪是：用有毛的牲畜和一块吉玉作为祭品，将这些祭品投放在山上，祭祀时不用精米。

中次三经萯山[①]之首，曰敖岸之山，其阳多㻬琈之玉，其阴多赭、黄金。神熏池居之。是常出美玉。北望河林，其状如茜如举[②]。有兽焉，其状如白鹿而四角，名曰夫诸，见则其邑大水。

【注释】

①萯（bèi）山：山名。

②如茜（qiàn）如举：茜，茜草，一种多年生攀缘草本植物。举，榉柳，落叶乔木，木材坚实，用途很广。

【译文】

中央第三列山系是萯山山系，首座山叫敖岸山，山的南面有很多㻬琈玉，山的北面有很多赭石和黄金。神熏池居住在这里。敖岸山常常能够产出玉石。从这座山向北可以望见黄河和树林，形状就像茜草和榉柳。山中有一种野兽，形状像白鹿，但长着四只角，名字叫夫诸，它在哪里出现，哪里就会发生水灾。

又东十里，曰青要之山，实惟帝之密都。北望河曲，是多驾鸟①。南望墠渚②，禹父之所化。是多仆累③、蒲卢。䰠武罗司之，其状人面而豹文，小要而白齿，而穿耳以鐻④，其鸣如鸣玉。是山也，宜女子。畛水⑤出焉，而北流注于河。其中有鸟焉，名曰鴢⑥，其状如凫，青身而朱目赤尾，食之宜子。有草焉，其状如葌，而方茎、黄华、赤实，其本如藁本⑦，名曰荀草，服之美人色。

【注释】

①驾鸟：野鹅。

②墠（tán）渚：地名。

③仆累：蜗牛。

④鐻（qú）：金银做成的耳环。

⑤畛（zhěn）水：古水名。

⑥鴢（yǎo）：古鸟名。

⑦藁（gǎo）本：香草、药草名，与白芷等同类。

【译文】

再往东十里，有座山叫青要山，这里实际上是天帝的秘密都城。从这座山向北可以望见河曲，山上有很多野鹅。从这座山向南可以望见墠渚，那里是大禹的父亲鲧变化成为黄熊的地方，这里有很多蜗牛、蒲卢。山神鬽武罗掌管着这座山，他有人的面孔，但身上长着豹子的斑纹，细小的腰身，洁白的牙齿，耳朵上穿挂着金银环，他的声音就像玉石碰击时的响声。这座青要山适宜女子居住。畛水从这里发源，然后向北流入黄河。山中有一种鸟，名字叫鴢，形状像野鸭子，遍体青色，但眼睛是浅红色的，尾巴是深红色的，吃了它能使人多生孩子。山中有一种草，形状像兰草，茎干呈方形，开黄色的花朵，结红色的果实，根部像藁本的根，名字叫荀草，吃了它就能使人变得漂亮。

又东十里，曰騩山，其上有美枣，其阴有㻬琈之玉。正回之水出焉，而北流注于河。其中多飞鱼，其状如豚而赤文，服之不畏雷，可以御兵。

【译文】

再往东十里，有座山叫騩山，山上有很多味道甜美的枣子，山的北面盛产㻬琈玉。正回水从这里发源，然后向北流入黄河。水中有许多会飞的鱼，它们的形状像小猪，长着红色的斑纹，吃了它可以使人不惧怕打雷，还可以抵御兵器的伤害。

又东四十里，曰宜苏之山，其上多金玉，其下多蔓居之木。滽滽之水出焉，而北流注于河，是多黄贝。

【译文】

再往东四十里，有座山叫宜苏山，山上有丰富的金属矿物和玉石，山下有很多蔓居。滽滽水从这里发源，然后向北流入黄河，水中有很多黄色的贝壳。

又东二十里，曰和山，其上无草木而多瑶碧，实惟河之九都[1]。是山也五曲，九水出焉，合而北流注于河，其中多苍玉。吉神泰逢司之，其状如人而虎尾，是好居于萯山之阳，出入有光。泰逢神动天地气也。

【注释】

①河之九都：黄河的九条水所潜聚之处。

【译文】

再往东二十里，有座山叫和山，山上没有花草树木，但是有很多瑶、碧一类的美玉。这里其实是黄河中的九条水源所汇聚的地方。和山盘旋回转了五层，有九条水源从这里发源，然后汇聚在一起向北流入黄河，水中有很多青色的玉石。吉神泰逢主管这座山，他的身形像人，但长着虎一样的尾巴，喜欢住在萯山的南面，出入时都有亮光。泰逢神能兴起风云。

凡萯之首，自敖岸之山至于和山，凡五山，四百四十里。其祠：泰逢、熏池、武罗皆一牡羊副[1]，婴用吉玉。其二神用一雄鸡瘗之。糈用稌。

【注释】

①副（bì）：劏裂，剖开。

【译文】

总计萯山山系之首尾，从敖岸山开始，到和山为止，一共五座山，四百四十里。祭祀诸山山神的礼仪是：泰逢、熏池、武罗三位山神都是把一只公羊劈开来，用吉玉环绕祭祀。其余二位山神是用一只公鸡献祭后埋入地下。祀神的精米用稻米。

中次四经厘山之首，曰鹿蹄之山，其上多玉，其下多金。甘水出焉，而北流注于洛，其中多汵石。

【译文】

中央第四列山系是厘山山系，首座山叫鹿蹄山，山上有很多玉石，山下有很多金属矿物。甘水从这里发源，然后向北流入洛水，水中有很多汵石。

西五十里，曰扶猪之山，其上多礝石①。有兽焉，其状如貉②而人目，其名曰䴦③。虢水出焉，而北流注于洛，其中多瓀石。

【注释】

①礝（ruǎn）石：次于玉的美石，礝古同“碝”。

②貉（hé）：哺乳动物，外形像狐，穴居河谷、山边和田野间。

③䴦（yín）：古兽名。

【译文】

往西五十里，有座山叫扶猪山，山上有很多礝石。山中有一种野兽，形状像貉，但长着人的眼睛，名字叫䴦。虢水从这里发源，然后向北流入洛水，水中有很多礝石。

又西一百二十里，曰厘山，其阳多玉，其阴多蒐①。有兽焉，其状如牛，苍身，其音如婴儿，是食人，其名曰犀渠。滽滽之水出焉，而南流注于伊水。有兽焉，名曰獅②，其状如獳犬③而有鳞，其毛如彘鬣。

【注释】

①蒐（sōu）：上文中的茜草。

②獅（jié）：獭。

③獳（nòu）犬：发怒的狗。

【译文】

再往西一百二十里，有座山叫厘山，山的南面盛产玉石，山的北面有很多茜草。山中有一种野兽，形状像牛，遍体青黑色，它的叫声好像婴儿啼哭，吃人，它的名字叫犀渠。滽滽水从这里发源，然后向南流入伊水。山中还有一种野兽，名字叫獭，形状像獳犬，但全身长满鳞，身上的毛和猪鬃相似。

又西二百里，曰箕尾之山，多榖，多涂石[①]，其上多㻬琈之玉。

【注释】

①涂石：就是上文所说的汵石。

【译文】

再往西二百里，有座山叫箕尾山，山上有很多构树和涂石，还有很多㻬琈玉。

又西二百五十里，曰柄山，其上多玉，其下多铜。滔雕之水出焉，而北流注于洛。其中多羬羊。有木焉，其状如樗，其叶如桐而荚实，其名曰茇[①]，可以毒鱼。

【注释】

①茇（bá）：一种落叶灌木，花蕾可入药，根茎有毒性。

【译文】

再往西二百五十里，有座山叫柄山，山上盛产玉石，山下盛产铜。滔雕水从这里发源，然后向北流入洛水。山中有很多羬羊。山中有一种树木，形状像樗树，叶子像桐树叶，果实长在长荚内，名字叫茇，可以用它来毒鱼。

又西二百里，曰白边之山，其上多金玉，其下多青、雄黄。

【译文】

再往西二百里，有座山叫白边山，山上有丰富的金属矿物和玉石，山下有很多石青、雄黄。

又西二百里，曰熊耳之山，其上多漆，其下多棕。浮濠之水出焉，而西流注于洛，其中多水玉，多人鱼。有草焉，其状如苏而赤华，名曰葶苧[1]，可以毒鱼。

【注释】

①葶苧（dǐng nìng）：古草名。

【译文】

再往西二百里，有座山叫熊耳山，山上有很多漆树，山下有很多棕树。浮濠水从这里发源，然后向西流入洛水，水中有很多水晶石，还有很多人鱼。山中有一种草，形状像苏草，但是开红色的花朵，名字叫葶苧，可以用它来毒鱼。

又西三百里，曰牡山，其上多文石，其下多竹箭、竹䉋。其兽多㸲牛、羬羊，鸟多赤鷩[1]。

【注释】

①赤鷩（bì）：山鸡的一种，有美丽的羽毛。

【译文】

再往西三百里，有座山叫牡山，山上有很多色彩斑斓的石头，山下有很多小竹丛和竹䉋。山中的野兽大多是㸲牛、羬羊，鸟类大多是赤鷩。

又西三百五十里，曰讙举之山，雒水出焉，而东北流注于玄扈之水，其中多马肠之物。此二山者，洛间也。

【译文】

再往西三百五十里，有座山叫讙举山，雒水从这里发源，然后向东北流入玄扈水。玄扈山中有很多马肠这样的怪物。在讙举山与玄扈山之间，夹着一条洛水。

凡厘山之首，自鹿蹄之山至于玄扈之山，凡九山，千六百七十里。其神状皆人面兽身。其祠之：毛用一白鸡，祈而不糈；以采衣[①]之。

【注释】

①衣（yì）：这里做动词，包裹。

【译文】

总计厘山山系之首尾，从鹿蹄山开始，到玄扈山为止，一共九座山，一千六百七十里。这些山的山神形貌都是人的面孔，野兽的身子。祭祀诸山山神的礼仪是：用一只白鸡献祭，祭祀时不用精米，用彩色的帛把鸡包裹起来。

中次五经薄山之首，曰苟林之山，无草木，多怪石。

【译文】

中央第五列山系是薄山山系，首座山叫苟林山，山上没有花草树木，有很多奇形怪状的石头。

东三百里，曰首山，其阴多榖柞，其草多茉芫[①]；其阳多㻬琈之玉，木多槐。其阴有谷，曰机谷，多䳋[②]鸟，其状如枭而三目，有耳，其音如录，食之已垫[③]。

【注释】

①茉芫：茉，即山蓟，是一种可作药用的草。芫，即芫华，花可以药用，根可以毒死鱼。

②䳅（dì）：古鸟名。

③垫：一种因地下潮湿而引发的疾病。

【译文】

往东三百里，有座山叫首山，山的北面有很多构树和柞树，这里的草以山蓟、芫华为主；山的南面盛产㻬琈玉，树木以槐树为主。首山的北面有座峡谷，名叫机谷，机谷中有很多䳅鸟，它的形状像猫头鹰，但长着三只眼睛，有耳朵，它的叫声像鹿叫，吃了它可以治愈湿气病。

又东三百里，曰县斸之山[①]，无草木，多文石。

【注释】

①县斸（zhú）之山：山名。

【译文】

再往东三百里，有座山叫县斸山，山上没有花草树木，有很多色彩斑斓的石头。

又东三百里，曰葱聋之山，无草木，多㻶石[①]。

【注释】

①㻶（bàng）石：玤石，是次于玉石一等的石头。

【译文】

再往东三百里，有座山叫葱聋山，山上没有花草树木，有很多㻶石。

东北五百里，曰条谷之山，其木多槐桐，其草多芍药、虋冬[①]。

【注释】

①虋（mén）冬：俗作门冬，有两种，一是麦门冬，也叫沿阶草。一种是天门冬，也叫天冬草。

【译文】

往东北五百里，有座山叫条谷山，山上有很多槐树和桐树，草以芍药和虋冬居多。

又北十里，曰超山，其阴多苍玉，其阳有井，冬有水而夏竭。

【译文】

再往北十里，有座山叫超山，山的北面有很多苍玉，山的南面有口井，冬季有水夏季干涸。

又东五百里，曰成侯之山，其上多櫄木[①]，其草多艽[②]。

【注释】

①櫄（chūn）木：据古人说，这种树与高大的臭椿树相似，树干可以制作车辕。

②艽（jiāo）：秦艽，多年生草本植物，根可药用。

【译文】

再往东五百里，有座山叫成侯山，山上有很多櫄树，草以秦艽居多。

又东五百里，曰朝歌之山，谷多美垩。

【译文】

再往东五百里，有座山叫朝歌山，山上的谷中盛产优良垩土。

又东五百里，曰槐山，谷多金锡。

【译文】

再往东五百里，有座山叫槐山，山上的谷里有丰富的金和锡。

又东十里，曰历山，其木多槐，其阳多玉。

【译文】

再往东十里，有座山叫历山，山上的树木大多是槐树，山的南面盛产玉石。

又东十里，曰尸山，多苍玉，其兽多麖[①]。尸水出焉，南流注于洛水，其中多美玉。

【注释】

①麖（jīng）：古代传说中的一种动物，像鹿，但是比鹿大，善奔跑。

【译文】

再往东十里，有座山叫尸山，山上有很多苍玉，野兽大多是麖。尸水从这里发源，然后向南流入洛水，水中有很多优良玉石。

又东十里，曰良余之山，其上多穀、柞，无石。余水出于其阴，而北流注于河；乳水出于其阳，而东南流注于洛。

【译文】

再往东十里，有座山叫良余山，山上有很多构树和柞树，没有石头。余水从这座山的北面发源，然后向北流入黄河；乳水从这座山的南面发源，然后向东南流入洛水。

又东南十里，曰蛊尾之山，多砺石、赤铜。龙余之水出焉，而东南流注于洛。

【译文】

再往东南十里，有座山叫蛊尾山，山上盛产磨刀石、赤铜。龙余水从这里发源，然后向东南流入洛水。

又东北二十里，曰升山，其木多榖、柞、棘，其草多藷芎、蕙，多寇脱[①]。黄酸之水出焉，而北流注于河，其中多璇玉[②]。

【注释】

①寇脱：一种生长在南方的草。

②璇玉：质料成色比玉差一点的玉石。

【译文】

再往东北二十里，有座山叫升山，山上的树木大多是构树、柞树和荆棘，山中的草以山药和蕙草居多，寇脱草也很多。黄酸水从这里发源，然后向北流入黄河，水中有很多璇玉。

又东十二里，曰阳虚之山，多金，临于玄扈之水。

【译文】

再往东十二里，有座山叫阳虚山，山上有丰富的金属矿物，阳虚山就在玄扈水附近。

凡薄山之首，自苟林之山至于阳虚之山，凡十六山，二千九百八十二里。升山，冢也，其祠礼：太牢，婴用吉玉。首山，䰠[①]也，其祠用稌、黑牺太牢之具、糵酿[②]；干儛[③]，置鼓；婴用一璧。尸水，合天也，肥牲祠之，用一黑犬于上，用一雌鸡于下，刉[④]一牝羊，献血。婴用吉玉。采之，飨之。

【注释】

①䰠（shén）：神灵。

②糵（niè）酿：用糵做酒曲酿造的醴酒。这里泛指美酒。

③干儛：古代在举行祭祀活动时跳的一种舞蹈。儛，同“舞”。

④刉（jī）：亦作“刏”。切，割。

【译文】

总计薄山山系之首尾，从苟林山开始，到阳虚山为止，共十六座山，二千九百八十二里。升山是这些山的宗主，祭祀升山山神的礼仪是：用完整的猪、牛、羊这三牲，用吉玉来环绕。首山是神灵的居住地，祭祀首山山神的礼仪是：用稻米和黑色的猪、牛、羊及精酿的美酒作为供品，祭祀时人们还要击鼓跳舞，并配之以美玉。尸水能够上通天界，在祭祀这座山的山神时，要用一头肥牲畜作为贡品，把一只黑狗放在上边，一只母鸡放在下边，杀母羊，取母羊的血作为祭品贡献。要用吉玉来环绕，并加以绘饰，然后请神灵享用。

中次六经缟羝山之首，曰平逢之山。南望伊、洛，东望谷城之山，无草木，无水，多沙石。有神焉，其状如人而二首，名曰骄虫，是为螫虫[①]，实惟蜂蜜之庐。其祠之：用一雄鸡，禳[②]而勿杀。

【注释】

①螫虫：指一切身上长有毒刺能伤人的昆虫。

②禳：祭祀祈祷神灵以求消除灾害。

【译文】

中央第六列山系是缟羝山山系，首座山叫平逢山，从平逢山向南可以望见伊水和洛水，向东可以望见谷城山，平逢山上没有花草树木，也没有水流，遍布杂乱的沙石。山中有一个山神，身形像人，但有两个脑袋，名叫骄虫，它实际上是螫虫的首领，这里也是群蜂栖息的地方。祭祀这位山神的礼仪是：用一只公鸡作为祭品，祈祷但不要杀死它。

西十里，曰缟羝之山，无草木，多金玉。

【译文】

往西十里，有座山叫缟羝山，山上没有花草树木，有丰富的金属矿物和玉石。

又西十里，曰廆山[①]，其阴多㻬琈之玉。其西有谷焉，名曰雚谷，其木多柳楮。其中有鸟焉，状如山鸡而长尾，赤如丹火而青喙，名曰鸰鹀[②]，其鸣自呼，服之不眯。交觞之水出于其阳，而南流注于洛；俞随之水出于其阴，而北流注于谷水。

【注释】

①廆（guī）山：古山名。

②鸰鹀（líng yāo）：古鸟名。

【译文】

再往西十里，有座山叫廆山，山的北面盛产㻬琈玉。廆山的西面有一道峡谷，叫作雚谷，这里的树木大多是柳树和构树。山中有一种鸟，形状像山鸡，但是有一条长长的尾巴，遍体赤红好像火一样，嘴巴是青色的，名字叫鸰鷚，它的叫声就是自己的名字，吃了它能使人不做噩梦。交觞水从瘣山的南面发源，然后向南流入洛水；俞随水从瘣山的北面发源，然后向北流入谷水。

又西三十里，曰瞻诸之山，其阳多金，其阴多文石。谢水[①]出焉，而东南流注于洛；少水出其阴，而东流注于谷水。

【注释】

①谢（xiè）水：古水名。

【译文】

再往西三十里，有座山叫瞻诸山，山的南面盛产金属矿物，山的北面盛产带有花纹的石头。谢水从这里发源，然后向东南流入洛水；少水从山的北面发源，然后向东流入谷水。

又西三十里，曰娄涿之山，无草木，多金玉。瞻水出于其阳，而东流注于洛；陂水[①]出于其阴，而北流注于谷水，其中多茈石、文石。

【注释】

①陂（bēi）水：古水名。

【译文】

再往西三十里，有座山叫娄涿山，山上没有花草树木，有丰富的金属矿物和玉石。瞻水从山的南面发源，然后向东流入洛水；陂水从山的北面发源，然后向北流入谷水，水中有很多紫色的石头和带花纹的石头。

又西四十里，曰白石之山，惠水出于其阳，而南流注于洛，其中多水玉。涧水出于其阴，西北流注于谷水，其中多麋石[①]、栌丹[②]。

【注释】

①麋石：麋，通“眉”，麋石即眉石，一种可用来制作描饰眉毛等涂饰品的黑色矿石。

②栌（lú）丹：栌通“卢”，卢是黑色的意思，卢丹即黑丹沙，一种黑色矿物。

【译文】

再往西四十里，有座山叫白石山，惠水从山的南面发源，然后向南流入洛水，水中有很多水晶石。涧水从山的北面发源，然后向西北流入谷水，水中有很多眉石、黑丹沙。

又西五十里，曰谷山，其上多穀，其下多桑。爽水出焉，而西北流注于谷水，其中多碧绿[①]。

【注释】

①碧绿：可能指现在所说的孔雀石，可以制作装饰品和绿色涂料。

【译文】

再往西五十里，有座山叫谷山，山上有很多构树，山下有很多桑树。爽水从这里发源，然后向西北流入谷水，水中有很多孔雀石。

又西七十二里，曰密山，其阳多玉，其阴多铁。豪水出焉，而南流注于洛。其中多旋龟，其状鸟首而鳖尾，其音如判木。无草木。

【译文】

再往西七十二里，有座山叫密山，山的南面有丰富的玉石，山的北面有丰富的铁矿。豪水从这里发源，然后向南流入洛水。水中有很多旋龟，它长着鸟头和鳖尾，叫声好像劈木头时的声响。密山上没有花草树木。

又西百里，曰长石之山，无草木，多金玉。其西有谷焉，名曰共谷，多竹。共水出焉，西南流注于洛，其中多鸣石①。

【注释】

①鸣石：古人说是一种青色玉石，撞击后发出巨大鸣响，七八里以外都能听到，属于能制作乐器的磬石之类。

【译文】

再往西一百里，有座山叫长石山，山上没有花草树木，有丰富的金属矿物和玉石。山的西面有个山谷，名叫共谷，谷中有很多竹子。共水从这里发源，然后向西南流入洛水，水中有很多鸣石。

又西一百四十里，曰傅山，无草木，多瑶碧。厌染之水出于其阳，而南流注于洛，其中多人鱼。其西有林焉，名曰墦冢。谷水出焉，而东流注于洛，其中多珚玉。

【译文】

再往西一百四十里，有座山叫傅山，山上没有花草树木，有很多瑶、碧一类的美玉。厌染水从山的南面发源，然后向南流入洛水，水中生长着许多人鱼。山的西面有片森林，名叫墦冢。谷水就从这里发源，然后向东流入洛水，水中有许多珚玉。

又西五十里，曰橐山[①]，其木多樗，多𣐿木[②]，其阳多金玉，其阴多铁，多萧。橐水出焉，而北流注于河。其中多脩辟之鱼，状如黾而白喙，其音如鸱，食之已白癣。

【注释】

①橐（tuó）山：古山名。

②𣐿（bèi）木：古人说这种树在七八月间吐穗，穗成熟后，似有盐粉沾在上面。

【译文】

再往西五十里，有座山叫橐山，山上有很多樗树和𣐿树，山的南面有丰富的金属矿物和玉石，山的北面有丰富的铁矿，还有茂密的萧草。橐水从这里发源，然后向北流入黄河。水中有很多脩辟鱼，这种鱼的形状像蛙，但嘴巴是白色的，它的叫声像猫头鹰叫，吃了它能治愈白癣病。

又西九十里，曰常烝之山[①]，无草木，多垩。潐水[②]出焉，而东北流注于河，其中多苍玉。菑水[③]出焉，而北流注于河。

【注释】

①常烝（zhēng）之山：古山名。

②潐（qiáo）水：古水名。

③菑（zī）水：古水名。

【译文】

再往西九十里，有座山叫常烝山，山上没有花草树木，有很多垩土。潐水从这里发源，然后向东北流入黄河，水中有很多深青色的玉。菑水也从这里发源，然后向北流入黄河。

又西九十里，曰夸父之山，其木多棕枏，多竹箭。其兽多牸牛、羬羊，其鸟多赤鷩，其阳多玉，其阴多铁。其北有林焉，名曰桃林，是广员三百里，其中多马。湖水出焉，而北流注于河，其中多㻬玉。

【译文】

再往西九十里，有座山叫夸父山，山中的树木大多是棕树和楠树，还有茂盛的小竹丛，山中的野兽大多是牸牛和羬羊，鸟类大多是赤鷩，山的南面盛产玉石，山的北面有丰富的铁矿。夸父山北面有一片树林，名叫桃林，这片树林方圆三百里，里面有很多马。湖水从这座山发源，然后向北流入黄河，水中有很多㻬玉。

又西九十里，曰阳华之山，其阳多金玉，其阴多青、雄黄，其草多藷藇，多苦辛，其状如楸[①]，其实如瓜，其味酸甘，食之已疟[②]。杨水出焉，而西南流注于洛，其中多人鱼。门水出焉，而东北流注于河，其中多玄𥖨[③]。缙姑之水[④]出于其阴，而东流注于门水，其上多铜。

【注释】

①楸（qiū）：同“楸”，一种落叶乔木。

②疟（nüè）：一种忽冷忽热的急性传染病。

③玄𥖨（sù）：一种黑色磨刀石。

④缙（jí）姑之水：古水名。

【译文】

再往西九十里，有座山叫阳华山，山的南面有丰富的金属矿物和玉石，山的北面盛产石青、雄黄，山中的草以山药和苦辛草居多，苦辛草的形状像楸木，结的果实像瓜，味道又酸又甜，吃了它能治愈疟疾。杨水从这座山发源，然后向西南流入洛水，水中有很多人鱼。门水也从这座山发源，然后向东北流入黄河，水中有很多黑色磨刀石。𫄨姑水从阳华山的北面发源，然后向东流入门水，水中有丰富的铜。

凡缟羝山之首，自平逢之山至于阳华之山，凡十四山，七百九十里。岳在其中，以六月祭之，如诸岳之祠法，则天下安宁。

【译文】

总计缟羝山山系之首尾，从平逢山开始，到阳华山为止，一共十四座山，七百九十里。有大的山岳在这一山系中，每年的六月要祭祀它，祭祀的礼仪和祭祀其他山岳一样，那么天下就会太平。

中次七经苦山之首，曰休与之山，其上有石焉，名曰帝台之棋，五色而文，其状如鹑卵，帝台之石，所以祷百神者也，服之不蛊。有草焉，其状如蓍[1]，赤叶而本丛生，名曰夙条，可以为簳[2]。

【注释】

①蓍（shī）：蓍草，又叫锯齿草、蚰蜒草，多年生草本植物，全草可入药，茎、叶可制香料。古人取蓍草的茎作占筮之用。

②簳（gǎn）：小竹子，可以做箭杆。

【译文】

中央第七列山系是苦山山系，首座山叫休与山，山上有种石子，名叫帝台棋，这些石头色彩斑斓，还带有漂亮的花纹，形状和鹌鹑蛋相似。天神帝台的石子，是用来向百神祈祷的，人佩带它就不会感染邪毒之气。山中有一种草，形状像蓍草，有红色的叶子，草根丛生，名叫夙条，可以用来做箭杆。

东三百里，曰鼓钟之山，帝台之所以觞[①]百神也。有草焉，方茎而黄华，员叶而三成[②]，其名曰焉酸，可以为毒[③]。其上多砺，其下多砥。

【注释】

①觞：古代的一种酒器，这里指设酒席招待。

②成：重，层。

③为毒：解毒。

【译文】

往东三百里，有座山叫鼓钟山，这里是帝台宴请诸位天神的地方。山中有一种草，茎呈方形，开黄色的花朵，有三层重叠的圆叶，名字叫焉酸，可以用它来解毒。山上和山下有各式各样的磨刀石。

又东二百里，曰姑媱之山，帝女死焉，其名曰女尸，化为䔄草[①]，其叶胥成，其华黄，其实如菟丘[②]，服之媚于人[③]。

【注释】

①䔄（yáo）草：草名。

②菟丘：菟丝子。

③媚于人：媚是喜爱的意思，这里指女子以美色讨人欢心。

【译文】

再往东二百里，有座山叫姑媱山，天帝的女儿就死在这里，她的名字叫女尸，死后化成䔄草，这种草的叶子一层层地聚集在一起，开黄色的花朵，结的果实像菟丝子的果实。女子吃了它就会被他人所喜爱。

又东二十里，曰苦山，有兽焉，名曰山膏，其状如豚，赤若丹火，善詈[①]。其上有木焉，名曰黄棘，黄华而员叶，其实如兰，服之不字[②]。有草焉，员叶而无茎，赤华而不实，名曰无条，服之不瘿。

【注释】

①詈（lì）：骂，责骂。

②字：怀孕，生育。

【译文】

再往东二十里，有座山叫苦山，山中有种野兽，名叫山膏，形状像小猪，遍体红色好像火一样，喜欢骂人。山上有一种树木，名叫黄棘，开黄色的花朵，叶子是圆的，结的果实与兰草的果实相似，女人吃了它就会失去生育能力。山上有一种草，叶子是圆的，没有茎秆，开红色的花朵，不结果实，名字叫无条，吃了它能够治愈颈瘤病。

又东二十七里，曰堵山，神天愚居之，是多怪风雨。其上有木焉，名曰天楄[①]，方茎而葵状，服者不𠲶[②]。

【注释】

①天楄（biān）：古树名。

②𠲶（yè）：同“噎”，咽下梗塞，食物堵住食管。

【译文】

再往东二十七里，有座山叫堵山，山神天愚住在这里，因此这座山经常刮起怪风下起怪雨。山上有一种树木，名叫天楄，它的茎秆呈方形，和葵菜的形状相似，吃了它就能使人吃饭不被噎住。

又东五十二里，曰放皋之山，明水出焉，南流注于伊水，其中多苍玉。有木焉，其叶如槐，黄华而不实，其名曰蒙木，服之不惑。有兽焉，其状如蜂，枝尾而反舌，善呼，其名曰文文。

【译文】

再往东五十二里，有座山叫放皋山，明水从这里发源，然后向南流入伊水，水中有很多深青色的玉。山中有一种树木，叶子与槐树叶相似，开黄色的花朵，但不结果实，名叫蒙木，吃了它就能使人不被迷惑。山中有一种野兽，形状像蜜蜂，长着分叉的尾巴和倒转的舌头，喜欢鸣叫，名字叫文文。

又东五十七里，曰大苦之山，多㻬琈之玉，多麋玉。有草焉，其叶状如榆，方茎而苍伤[①]，其名曰牛伤，其根苍文，服者不厥[②]，可以御兵。其阳狂水出焉，西南流注于伊水。其中多三足龟，食者无大疾，可以已肿。

【注释】

①苍伤：苍刺。青色的棘刺。

②厥：气闭，昏倒。

【译文】

再往东五十七里，有座山叫大苦山，山上盛产㻬琈玉，还有许多麋玉。山中有一种草，它的叶子形状与榆树叶相似，茎秆呈方形，上面长满青色的刺，名字叫牛伤，它的根茎上有青色斑纹，吃了它能使人不昏倒，还能躲避兵器的伤害。狂水从这座山的南面发源，然后向西南流入伊水，水中有很多长着三只脚的乌龟，吃了它能使人不生大病，还可以消除痈肿。

又东七十里，曰半石之山，其上有草焉，生而秀，其高丈余，赤叶赤华，华而不实，其名曰嘉荣，服之者不畏霆[①]。来需之水出于其阳，而西流注于伊水，其中多鲶鱼，黑文，其状如鲋，食者不睡。合水出于其阴，而北流注于洛，多鰧鱼[②]，状如鳜，居逵[③]，苍文赤尾，食者不痈，可以为瘘[④]。

【注释】

①霆：响声震人且迅疾的雷。

②鰧鱼（téng）：也叫瞻星鱼，体粗壮，后部侧扁。

③逵：四通八达的大路。这里指水底相互贯通着的洞穴。

④瘘：中医指颈部生疮，久而不愈，常出脓水。

【译文】

再往东七十里，有座山叫半石山，山上有一种草，刚一发芽就吐穗开花，这种草有一丈多高，红色的叶子，红色的花朵，只开花但不结果实，名字叫嘉荣，吃了它就不会惧怕霹雳雷霆。来需水从这座山的南面发源，然后向西流入伊水，水中有很多鲶鱼，这种鱼身上长着黑色的花纹，形状像鲋鱼，吃了它会使人不能入睡。合水从这座山的北面发源，然后向北流入洛水，水中有很多鰧鱼，它的形状像鳜鱼，在水底洞穴中栖息，身上长有深青色花纹，尾巴是红色的，吃了它就不会生痈肿，还可以医治瘘疮。

又东五十里，曰少室之山，百草木成囷[①]。其上有木焉，其名曰帝休，叶状如杨，其枝五衢[②]，黄华黑实，服者不怒。其上多玉，其下多铁。休水出焉，而北流注于洛，其中多鯑鱼，状如盩蜼[③]而长距，足白而对，食者无蛊疾，可以御兵。

【注释】

①囷（qūn）：古代一种圆形谷仓。

②衢（qú）：四通八达的道路，这里指交错歧出的样子。

③盩（zhōu）蜼：一种与猕猴相似的野兽。

【译文】

再往东五十里，有座山叫少室山，山上的草木聚集在一起好像圆形谷仓。山中有一种树木，名叫帝休，它的叶子形状像杨树叶，枝条交错歧出地伸向四方，开黄色的花朵，结黑色的果实，吃了它能让人不易发怒。少室山上有很多玉石，山下有丰富的铁。休水从这里发源，然后向北流入洛水，水中有很多鳑鱼，它的形状像猕猴，长着鸡爪，脚是白色的，足趾相对，吃了它可以使人不受蛊惑，还可以防御兵器的伤害。

又东三十里，曰泰室之山，其上有木焉，叶状如梨而赤理，其名曰栯木[①]，服者不妒。有草焉，其状如茱，白华黑实，泽如蘡薁[②]，其名曰䔄草，服之不眯。上多美石。

【注释】

①栯（yǒu）木：古树名。

②蘡薁（yīng yù）：一种藤本植物，俗称野葡萄，可以酿酒，也可入药。

【译文】

再往东三十里，有座山叫泰室山，山上有一种树木，它的叶子像梨树的叶子，有红色的花纹，名叫栯树，吃了它人就不会产生妒忌心。山上有一种草，形状和茱草相似，开白色的花朵，结黑色的果实，色泽和野葡萄相似，名叫䔄草，吃了它能使人眼睛不昏花。泰室山上还有很多精美的石头。

又北三十里，曰讲山，其上多玉，多柘，多柏。有木焉，名曰帝屋，叶状如椒，反伤赤实，可以御凶。

【译文】

再往北三十里，有座山叫讲山，山上盛产玉石，还有很多柘树和柏树。山上有一种树木叫帝屋，叶子的形状像花椒的叶子，树干上长着倒刺，结红色的果实，可以用它来抵御凶邪之气的侵袭。

又北三十里，曰婴梁之山，上多苍玉，錞于玄石。

【译文】

再往北三十里，有座山叫婴梁山，山上盛产深青色的玉，这些玉都附着在黑色的石头上面。

又东三十里，曰浮戏之山，有木焉，叶状如樗而赤实，名曰亢木，食之不蛊。汜水出焉，而北流注于河。其东有谷，因名曰蛇谷，上多少辛[①]。

【注释】

①少辛：也叫细辛，是一种有药用价值的草，可以全草入药。

【译文】

再往东三十里，有座山叫浮戏山，山上有一种树木，它叶子的形状像樗树的叶子，结红色的果实，名叫亢木，吃了它可以驱虫辟邪。汜水从这里发源，然后向北流入黄河。在浮戏山的东面有一道峡谷，因峡谷里有很多蛇而被叫作蛇谷，峡谷上面遍布细辛。

又东四十里，曰少陉之山，有草焉，名曰岗草[①]，叶状如葵，而赤茎白华，实如蘡薁，食之不愚。器难之水出焉，而北流注于役水。

【注释】

①岗（gāng）草：古草名。

【译文】

再往东四十里，有座山叫少陉山，山中有一种草，名叫岗草，它叶子的形状与葵菜叶相似，有红色的茎，白色的花朵，果实很像野葡萄，吃了它能让人变得不愚蠢。器难水从这里发源，然后向北流入役水。

又东南十里，曰太山，有草焉，名曰梨，其叶状如荻[1]而赤华，可以已疽。太水出于其阳，而东南流注于役水；承水出于其阴，而东北流注于役水。

【注释】

①荻（qiū）：一种蒿类植物，像艾蒿而分叉多，茎秆高的可达一丈余。

【译文】

再往东南十里，有座山叫太山，山上有一种草，名字叫梨，它叶子的形状像荻草叶，但开红色的花朵，可以用来治疗痈疽。太水从这座山的南面发源，然后向东南流入役水；承水从这座山的北面发源，然后向东北流入役水。

又东二十里，曰末山，上多赤金。末水出焉，北流注于役水。

【译文】

再往东二十里，有座山叫末山，山上到处是黄金。末水从这里发源，然后向北流入役水。

又东二十五里，曰役山，上多白金，多铁。役水出焉，北流注于河。

【译文】

再往东二十五里，有座山叫役山，山上有丰富的白银，还有丰富的铁。役水从这里发源，向北流入黄河。

又东三十五里，曰敏山，上有木焉，其状如荆，白华而赤实，名曰蓟柏[1]，服者不寒。其阳多瑊玗之玉。

【注释】

①蓟（jì）柏：蓟同“蓟”，古树名，属柏树的一种。

【译文】

再往东三十五里，有座山叫敏山，山上有一种树木，形状像荆树，开白色的花朵，结红色的果实，名字叫蓟柏，吃了它能使人不怕寒冷。敏山的南面有很多瑊玗玉。

又东三十里，曰大騩之山，其阴多铁、美玉、青垩。有草焉，其状如蓍而毛，青华而白实，其名曰蒗[1]。服之不夭，可以为腹病。

【注释】

①蒗（hěn）：古草名，可以入药。

【译文】

再往东三十里，有座山叫大騩山，山的北面有丰富的铁矿、精美的玉石和青色的垩土。山中有一种草，形状像蓍草但长着绒毛，开青色的花朵，结白色的果实，名字叫蒗。吃了它能够延年益寿，还可以医治腹部的疾病。

凡苦山之首，自休与之山至于大騩之山，凡十有九山，千一百八十四里。其十六神者，皆豕身而人面。其祠：毛牷用一羊羞，婴用一藻玉瘗。苦山、少室、太室皆冢也，其祠之：太牢之具，婴以吉玉。其神状皆人面而三首，其余属皆豕身人面也。

【译文】

总计苦山山系之首尾，从休与山开始，到大騩山为止，共十九座山，一千一百八十四里。其中有十六座山的山神有人的面孔，猪的身子。祭祀这些山神的礼仪是：用一只纯色的羊作为祭品，玉器用一块藻玉，祭祀后埋在地下。苦山、少室山、太室山是诸山的宗主。祭祀这三座山的山神的礼仪是：用猪、牛、羊齐全的三牲，用吉玉环绕。这三座山的山神都长着人的面孔，但是有三个脑袋，另外十六座山的山神都是人的面孔、猪的身子。

中次八经荆山之首，曰景山，其上多金玉，其木多杼檀。睢水出焉，东南流注于江，其中多丹粟，多文鱼。

【译文】

中央第八列山系是荆山山系，首座山叫景山，山上有丰富的金属矿物和玉石，树木大多是栎树和檀树。睢水从这里发源，然后向东南流入江水，水中有很多细粒的丹砂，还有很多带花纹的鱼。

东北百里，曰荆山，其阴多铁，其阳多赤金，其中多犛牛①，多豹虎，其木多松柏，多橘櫾②，其草多竹。漳水出焉，而东南流注于睢，其中多黄金，多鲛鱼③，其兽多闾麋。

【注释】

①犛（máo）牛：一种毛皮纯黑的牛，属于牦牛之类。

②櫾（yòu）：同“柚”，皮厚而且味道酸。

③鲛鱼：就是现在所说的鲨鱼。

【译文】

往东北一百里，有座山叫荆山，山的北面有丰富的铁矿，山的南面盛产黄金；山中有很多犛牛、豹和老虎。山上的树木大多是松树和柏树，还有很多的橘子树和柚子树，小竹子遍地都是。漳水从这里发源，然后向东南流入睢水，水中有很多黄金，还有很多鲛鱼，荆山上的野兽大多是闾和麋鹿。

又东北百五十里，曰骄山，其上多玉，其下多青雘，其木多松柏，多桃枝钩端。神鼍围[①]处之，其状如人而羊角虎爪，恒游于睢漳之渊，出入有光。

【注释】

①鼍（tuó）围：古代传说中的神灵名。

【译文】

再往东北一百五十里，有座山叫骄山，山上有很多玉石，山下有很多青雘，山上的树木大多是松树和柏树，桃枝、钩端一类的小竹子遍地丛生。山神鼍围就住在这里，他的形状像人，长着羊的犄角和老虎的爪子，经常在睢水和漳水的深渊巡游，出入时都会有光芒闪耀。

又东北百二十里，曰女几之山，其上多玉，其下多黄金，其兽多豹虎，多闾、麋、麖、麂[①]。其鸟多白鷮[②]，多翟，多鸩[③]。

【注释】

①麂（jǐ）：属鹿一类，腿细而有力，善于跳跃，皮很软可以制革。

②白鵁（jiāo）：一种像野鸡而尾巴较长的鸟，往往在飞行时鸣叫。

③鸩（zhèn）：古代传说中的一种毒鸟，喜欢吃蛇。

【译文】

再往东北一百二十里，有座山叫女几山，山上盛产玉石，山下盛产黄金，山中的野兽大多是豹子和老虎，还有很多山驴、麋鹿、麖、麂，鸟类大多是白鵁、野鸡和鸩鸟。

又东北二百里，曰宜诸之山，其上多金玉，其下多青雘。洈水[1]出焉，而南流注于漳，其中多白玉。

【注释】

①洈（wéi）水：古水名。

【译文】

再往东北二百里，有座山叫宜诸山，山上有丰富的金属矿物和玉石，山下盛产青雘。洈水从这里发源，然后向南流入漳水，水中有很多白色玉石。

又东北三百五十里，曰纶山，其木多梓枏，多桃枝，多柤、栗、橘、櫾，其兽多闾、麈、麢、㲋[1]。

【注释】

①㲋（chuò）：古兽名，据古人注称，这种兽青色皮毛，形状像兔子，却长着鹿那样的脚。

【译文】

再往东北三百五十里，有座山叫纶山，山上的树木大多是梓树和楠树，又有很多丛生的桃枝竹，还有很多柤树、栗子树、橘子树、柚子树，山上的野兽大多是山驴、麈、羚羊、㚟。

又东二百里，曰陆郇之山[1]。其上多㻬琈之玉，其下多垩，其木多杻橿。

【注释】

①陆郇（guǐ）之山：古山名。

【译文】

再往东二百里，有座山叫陆郇山，山上盛产㻬琈玉，山下有很多垩土，山上的树木大多是杻树和橿树。

又东百三十里，曰光山，其上多碧，其下多水。神计蒙处之，其状人身而龙首，恒游于漳渊，出入必有飘风暴雨。

【译文】

再往东一百三十里，有座山叫光山，山上有很多碧玉，山下有很多水流。天神计蒙居住在这里，他长着人的身子，龙的脑袋，常常在漳水的深渊里巡游，出入时一定伴有狂风暴雨。

又东百五十里，曰岐山，其阳多赤金，其阴多白珉[1]，其上多金玉，其下多青雘，其木多樗。神涉䰠[2]处之，其状人身而方面三足。

【注释】

①珉（mín）：一种次于玉的美石。

②涉䰠（tuó）：古代传说中的神名。

【译文】

再往东一百五十里，有座山叫岐山，山的南面盛产赤金，山的北面盛产白色珉石，山上有丰富的金属矿物和玉石，山下有很多青雘。山中的树木大多是櫄树。山神涉䵶就住在这里，他长着人的身子，脸呈四方形，有三只脚。

又东百三十里，曰铜山，其上多金、银、铁，其木多穀、柞、柤、栗、橘、櫾，其兽多犳。

【译文】

再往东一百三十里，有座山叫铜山，山上有丰富的金矿、银矿、铁矿。山中的树木大多是构树、柞树、柤树、栗子树、橘子树和柚子树，山中的野兽以犳居多。

又东北一百里，曰美山，其兽多兕牛，多闾麈，多豕鹿，其上多金，其下多青雘。

【译文】

再往东北一百里，有座山叫美山，山中的野兽大多是兕、野牛、山驴、麈，野猪和鹿，山上有丰富的金属矿物，山下盛产青雘。

又东北百里，曰大尧之山，其木多松柏，多梓桑，多机[①]，其草多竹，其兽多豹、虎、麢、㚟。

【注释】

①机：机树，就是桤树，一种落叶乔木。

【译文】

再往东北一百里，有座山叫大尧山，山上的树木大多是松树、柏树、梓树、桑树和机树，草以小竹丛居多，山上的野兽大多是豹、虎、麢和㚟。

又东北三百里，曰灵山，其上多金玉，其下多青雘，其木多桃、李、梅、杏。

【译文】

再往东北三百里，有座山叫灵山，山上有丰富的金属矿物和玉石，山下有很多青雘。山中树木大多是桃树、李树、梅树和杏树。

又东北七十里，曰龙山，上多寓木[①]，其上多碧，其下多赤锡，其草多桃枝钩端。

【注释】

①寓木：又叫宛童，即寄生树。因这种植物寄生在其他树木上，像鸟站立树上，所以称作寄生、寓木等。

【译文】

再往东北七十里，有座山叫龙山，山上有很多寄生树，并且盛产玉石，山下还有很多红色锡。山中的草大多是桃枝、钩端之类的小竹丛。

又东南五十里，曰衡山，上多寓木、穀、柞，多黄垩、白垩。

【译文】

再往东南五十里，有座山叫衡山，山上有许多寄生树、构树和柞树，还盛产黄色垩土、白色垩土。

又东南七十里，曰石山，其上多金，其下多青雘，多寓木。

【译文】

再往东南七十里，有座山叫石山，山上有丰富的金属矿物，山下有很多青雘，还有许多寄生树。

又南百二十里，曰若山，其上多㻬琈之玉，多赭，多封石[①]，多寓木，多柘。

【注释】

①封石：一种可以药用的矿石。

【译文】

再往南一百二十里，有座山叫若山，山上盛产㻬琈玉、赭石和封石，还有很多寄生树和柘树。

又东南一百二十里，曰彘山，多美石，多柘。

【译文】

再往东南一百二十里，有座山叫彘山，山上有很多漂亮的石头，还有很多柘树。

又东南一百五十里，曰玉山，其上多金玉，其下多碧铁，其木多柏。

【译文】

再往东南一百五十里，有座山叫玉山，山上有丰富的金属矿物和玉石，山下盛产碧玉、铁，山上的树木以柏树居多。

又东南七十里，曰讙山，其木多檀，多封石，多白锡。郁水出于其上，潜于其下，其中多砥砺。

【译文】

再往东南七十里，有座山叫讙山，山上的树木大多是檀树，还盛产封石和白色锡土。郁水从讙山的山顶发源，然后潜流到山下，水中有很多磨刀石。

又东北百五十里，曰仁举之山。其木多榖柞，其阳多赤金，其阴多赭。

【译文】

再往东北一百五十里，有座山叫仁举山，山上的树木大多是构树和柞树，山的南面盛产黄金，山的北面盛产赭石。

又东五十里，曰师每之山，其阳多砥砺，其阴多青雘，其木多柏，多檀，多柘，其草多竹。

【译文】

再往东五十里，有座山叫师每山，山的南面盛产磨刀石，山的北面有很多青雘，山中的树木大多是柏树、檀树和柘树，而草大多是丛生的小竹子。

又东南二百里，曰琴鼓之山，其木多榖、柞、椒[①]、柘，其上多白珉，其下多洗石，其兽多豕、鹿，多白犀，其鸟多鸩。

【注释】

①椒：这种椒树矮小而丛生，如果在它下面有草木生长就会被刺死。与上文所记椒树不是同一物种。

【译文】

再往东南二百里，有座山叫琴鼓山，山上的树木大多是构树、柞树、椒树和柘树，还有很多白色的珉石，山下有很多洗石，山中的野兽大多是野猪、鹿，还有许多白色的犀牛，鸟类大多是鸩鸟。

凡荆山之首，自景山至琴鼓之山，凡二十三山，二千八百九十里，其神状皆鸟身而人面。其祠：用一雄鸡祈瘗，用一藻圭，糈用稌。骄山，冢也。其祠：用羞酒少牢祈瘗，婴用一璧。

【译文】

总计荆山山系之首尾，从景山开始，到琴鼓山为止，共二十三座山，二千八百九十里。诸山的山神都是鸟的身子、人的面孔。祭祀这些山神的礼仪是：以一只公鸡作为祭品，祭祀后埋入地下，玉器用一块藻圭，祭祀用的米是稻米。骄山是诸山的宗主，祭祀骄山山神的礼仪是：以美酒和猪、羊作为祭品，祭祀后一同埋入地下，玉器用一块璧玉。

中次九经山岷山之首，曰女几之山，其上多石涅[①]，其木多杻橿，其草多菊茉。洛水出焉，东注于江。其中多雄黄，其兽多虎豹。

【注释】

①石涅：涅石，一种矿物，可做黑色染料。

【译文】

中央第九列山系是岷山山系，首座山叫女几山，山上盛产涅石，山上的树木大多是杻树和橿树，草类大多是野菊、茉。洛水从这里发源，然后向东流入长江。女几山上有很多雄黄，野兽大多是老虎和豹子。

又东北三百里，曰岷山，江水出焉，东北流注于海，其中多良龟，多鼍[①]。其上多金玉，其下多白珉。其木多梅棠，其兽多犀象，多夔牛，其鸟多翰鷩。

【注释】

①鼍(tuó)：爬行动物，吻短，体长两米多，背部、尾部均有鳞甲。

【译文】

再往东北三百里，有座山叫岷山，长江从这里发源，然后向东北流入大海，水中有很多良龟和鼍。山上有丰富的金属矿物和玉石，山下有很多白色的珉石。山中的树木大多是梅树和棠树，野兽大多是犀牛、大象以及夔牛，鸟类以翰鸟和赤鷩鸟最多。

又东北一百四十里，曰崃山，江水出焉，东流注于大江。其阳多黄金，其阴多麋麈，其木多檀柘，其草多䪥韭，多药、空夺[1]。

【注释】

①空夺：就是上文所说的寇脱。

【译文】

再往东北一百四十里，有座山叫崃山，江水从这里发源，然后向东流入大江。崃山的南面有丰富的黄金，山的北面有很多麋鹿、麈，山上的树木大多是檀树和柘树，草类以䪥菜、韭菜、白芷和寇脱居多。

又东一百五十里，曰崌山，江水出焉，东流注于大江，其中多怪蛇，多鰲鱼[1]。其木多楢杻，多梅梓。其兽多夔牛、麢、㚟、犀、兕。有鸟焉，状如鸮而赤身白首，其名曰窃脂，可以御火。

【注释】

①鰲(zhì)鱼：古鱼名。

【译文】

再往东一百五十里，有座山叫岷山，江水从这里发源，然后向东流入大江，水中有许多怪蛇，还有很多鳌鱼。山中树木大多是楢树、杻树、梅树和梓树。山中的野兽大多是夔牛、麢、㚟、犀牛、兕。山中有一种鸟，形状像猫头鹰，遍体红色，脑袋是白色的，名字叫窃脂，把它饲养在身边可以防御火灾。

又东三百里，曰高梁之山，其上多垩，其下多砥砺，其木多桃枝、钩端。有草焉，状如葵而赤华，荚实白柎，可以走马。

【译文】

再往东三百里，有座山叫高梁山，山上盛产垩土，山下盛产磨刀石，山上的树木大多是桃枝、钩端一类的小竹丛。山中有一种草，形状像葵菜，但花朵是红色的，果实带荚，花萼是白色的，马吃了它以后能跑得飞快。

又东四百里，曰蛇山，其上多黄金，其下多垩，其木多栒，多豫章，其草多嘉荣、少辛。有兽焉，其状如狐，而白尾长耳，名㹢狼[①]，见则国内有兵。

【注释】

①㹢（shì）狼：古代传说中的一种野兽。

【译文】

再往东四百里，有座山叫蛇山，山上盛产黄金，山下有很多垩土，山上的树木大多是栒树和豫章树，而草类以嘉荣、少辛居多。山中有一种野兽，形状像狐狸，但长着白尾巴和长耳朵，名字叫㹢狼，它在哪个国家出现，哪个国家就会发生战争。

又东五百里，曰鬲山，其阳多金，其阴多白珉。蒲鷎之水出焉，而东流注于江，其中多白玉。其兽多犀、象、熊、罴，多猿、蜼。

【译文】

再往东五百里，有座山叫鬲山，山的南面有丰富的金属矿物，山的北面盛产白色珉石。蒲鷎水从这里发源，然后向东流入长江，水中有很多白色玉石。山中的野兽大多是犀牛、大象、熊、罴、猿猴和长尾猿。

又东北三百里，曰隅阳之山，其上多金玉，其下多青雘，其木多梓桑，其草多茈。徐之水出焉，东流注于江，其中多丹粟。

【译文】

再往东北三百里，有座山叫隅阳山，山上有丰富的金属矿物和玉石，山下有很多青雘，山上的树木大多是梓树和桑树，草类以紫草居多。徐水从这座山发源，然后向东流入长江，水中有许多细粒的丹砂。

又东二百五十里，曰岐山，其上多白金，其下多铁，其木多梅梓，多杻楢。減水出焉，东南流注于江。

【译文】

再往东二百五十里，有座山叫岐山，山上有丰富的白银，山下有丰富的铁矿，山上的树木大多是梅树、梓树、杻树和楢树。減水从这里发源，然后向东南流入长江。

又东三百里，曰勾栋之山[①]，其上多玉，其下多黄金，其木多栎柘，其草多芍药。

【注释】

①勾祢（mí）之山：山名。

【译文】

再往东三百里，有座山叫勾祢山，山上盛产玉石，山下盛产黄金，山上的树木大多是栎树和柘树，而草类以芍药居多。

又东一百五十里，曰风雨之山，其上多白金，其下多石涅，其木多棷椫[1]，多杨。宣余之水出焉，东流注于江，其中多蛇。其兽多闾、麋、麈，多豹、虎，其鸟多白鸡。

【注释】

①棷椫（zōu shàn）：棷，古书上说的一种树。椫，又叫白理木，木质坚硬，纹理白色，古代用来制作梳子、杓子等物品。

【译文】

再往东一百五十里，有座山叫风雨山，山上盛产白银，山下有很多涅石，山上的树木大多是棷树、椫树和杨树。宣余水从这里发源，然后向东流入长江，水中有很多水蛇。山中的野兽大多是山驴、麋鹿、麈、豹子和老虎，鸟类以白鸡居多。

又东北二百里，曰玉山，其阳多铜，其阴多赤金，其木多豫章、楢、杻，其兽多豕、鹿、麢、臭，其鸟多鸩。

【译文】

再往东二百里，有座山叫玉山，山的南面有丰富的铜矿，山的北面盛产黄金，山上的树木以豫章树、楢树、杻树居多，野兽大多是野猪、鹿、麢、臭，鸟类大多是鸩鸟。

又东一百五十里，曰熊山，有穴焉，熊之穴，恒出神人，夏启而冬闭。是穴也，冬启乃必有兵。其上多白玉，其下多白金。其木多樗柳，其草多寇脱。

【译文】

再往东一百五十里，有座山叫熊山，山中有一个洞穴，那里是熊的巢穴，也时常有神人出入，洞穴一般是夏季开启而冬季关闭，如果这个洞穴在冬季开启，就一定会发生战争。山上盛产白色的玉石，山下盛产白银。山里的树木大多是樗树和柳树，草类以寇脱居多。

又东一百四十里，曰騩山，其阳多美玉赤金，其阴多铁，其木多桃枝、荆、芑。

【译文】

再往东一百四十里，有座山叫騩山，山的南面盛产美玉和赤金，山的北面有丰富的铁矿，山中的树木大多是桃枝竹、牡荆树、枸杞树。

又东二百里，曰葛山，其上多赤金，其下多瑊石[①]，其木多柤、栗、橘、櫾、楢、杻，其兽多麢、㚟，其草多嘉荣。

【注释】

①瑊（jiān）石：一种比玉差一等的美石。

【译文】

再往东二百里，有座山叫葛山，山上盛产赤金，山下有很多瑊石，山中的树木大多是柤树、栗子树、橘子树、柚子树、楢树、杻树，野兽大多是麢和㚟，草类以嘉荣草居多。

又东一百七十里，曰贾超之山，其阳多黄垩，其阴多美赭，其木多柤、栗、橘、櫾，其中多龙脩[①]。

【注释】

①龙脩：就是龙须草，生长在山石缝隙中，可以用来编织席子。

【译文】

再往东一百七十里，有座山叫贾超山，山的南面有很多黄色垩土，山的北面有许多精美赭石，山上的树木大多是柤树、栗子树、橘子树和柚子树，山中还有很多龙须草。

凡岷山之首，自女几山至于贾超之山，凡十六山，三千五百里。其神状皆马身而龙首。其祠：毛用一雄鸡瘗，糈用稌。文山[①]、勾檷、风雨、騩山，是皆冢也。其祠之：羞酒，少牢具，婴用一吉玉。熊山，帝[②]也。其祠：羞酒，太牢具，婴用一璧。干儛，用兵以禳；祈，璆[③]冕舞。

【注释】

①文山：指岷山。

②帝：首领。

③璆（qiú）：古同“球”，美玉，亦指玉磬。

【译文】

总计岷山山系之首尾，从女几山开始，到贾超山为止，共十六座山，三千五百里。这些山的山神都是马的身子，龙的脑袋。祭祀这些山神的礼仪是：以一只完整的公鸡作为祭品，祭祀结束后埋入地下，祭祀的米是精选的稻米。文山、勾檷山、风雨山、騩山，这四座山是诸山的宗主，祭祀这几座山的山神的礼仪如下：用美酒、猪羊二牲做祭品，再用一块吉玉做装饰。熊山是诸山的首领，祭祀熊山的礼仪是：用美酒和猪、牛、羊三牲做祭品，用一块璧玉做装饰。在祈祷消除灾祸时，要手持盾牌跳舞；在祈祷降下福祥时，要穿着礼服，手拿美玉跳舞。

中次十经之首，曰首阳之山，其上多金玉，无草木。

【译文】

中央第十列山系的首座山叫首阳山，山上有丰富的金属矿物和玉石，没有花草树木。

又西五十里，曰虎尾之山，其木多椒椐，多封石，其阳多赤金，其阴多铁。

【译文】

再往西五十里，有座山叫虎尾山，山上的树木大多是花椒树、椐树，并且遍地都有封石，山的南面盛产赤金，山的北面有丰富的铁矿。

又西南五十里，曰繁缋之山[①]，其木多楢杻，其草多枝勾。

【注释】

①繁缋（huì）之山：古山名。

【译文】

再往西南五十里，有座山叫繁缋山，山上的树木大多是楢树和杻树，草类大多是桃枝、钩端之类的小竹丛。

又西南二十里，曰勇石之山，无草木，多白金，多水。

【译文】

再往西南二十里，有座山叫勇石山，山上没有花草树木，有丰富的白银，并且有很多流水。

又西二十里，曰复州之山，其木多檀，其阳多黄金。有鸟焉，其状如鸮，而一足彘尾，其名曰跂踵，见则其国大疫。

【译文】

再往西二十里，有座山叫复州山，山上的树木以檀树居多，山的南面盛产黄金。山中有一种鸟，形状像猫头鹰，只长一只爪子，有一条猪一样的尾巴，名字叫跂踵，它在哪个国家出现，哪个国家就会发生大瘟疫。

又西三十里，曰楮山，多寓木，多椒椐，多柘，多垩。

【译文】

再往西三十里，有座山叫楮山，山上有很多寄生树、花椒树和椐树，还有大量的垩土。

又西二十里，曰又原之山，其阳多青雘，其阴多铁，其鸟多鸜鹆[1]。

【注释】

①鸜鹆（qú yù）：古鸟名，俗称八哥。

【译文】

再往西二十里，有座山叫又原山，山的南面有很多青雘，山的北面有丰富的铁矿，山上的鸟类以八哥居多。

又西五十里，曰涿山，其木多穀、柞、杻，其阳多㻬琈之玉。

【译文】

再往西五十里，有座山叫涿山，山上的树木大多是构树、柞树和杻树，山的南面盛产瓀琈玉。

又西七十里，曰丙山，其木多梓檀，多弞杻[①]。

【注释】

①弞（shěn）杻：长而直的杻树。

【译文】

再往西七十里，有座山叫丙山，山上的树木大多是梓树和檀树，还有很多长而直的杻树。

凡首阳山之首，自首山至于丙山，凡九山，二百六十七里。其神状皆龙身而人面。其祠之：毛用一雄鸡瘗，糈用五种之糈。堵山，冢也，其祠之：少牢具，羞酒祠，婴用一璧瘗。騩山，帝也，其祠：羞酒，太牢具，合巫祝二人儛，婴一璧。

【译文】

总计首阳山山系之首尾，从首山开始，到丙山为止，共九座山，二百六十七里。这些山的山神都是龙的身子，人的面孔。祭祀这些山神的礼仪如下：用一只雄鸡做祭品，祭祀后埋入地下，祭祀用的米是精选的五谷米。堵山是诸山的宗主，祭祀堵山山神的礼仪如下：以猪、羊二牲作为祭品，进献美酒，玉器用一块玉璧。騩山是诸山的首领，祭祀这座山的山神的礼仪是：进献美酒，并供以猪、牛、羊三牲，让巫师和祝师一起跳舞，玉器用一块玉璧。

中次一十一经荆山之首，曰翼望之山。湍水出焉，东流注于济；贶水[①]出焉，东南流注于汉，其中多蛟。其上多松柏，其下多漆梓，其阳多赤金，其阴多珉。

【注释】

①贶（kuàng）水：古水名。

【译文】

中央第十一列山系是荆山山系，首座山叫翼望山。湍水从这里发源，然后向东流入济水；贶水也从这里发源，然后向东南流入汉水，水中有很多蛟龙。翼望山上有很多松树和柏树，山下有很多漆树和梓树，山的南面盛产赤金，山的北面盛产珉石。

又东北一百五十里，曰朝歌之山，沅水出焉，东南流注于荥，其中多人鱼。其上多梓枏，其兽多麢麋。有草焉，名曰莽草，可以毒鱼。

【译文】

再往东北一百五十里，有座山叫朝歌山，沅水从这里发源，然后向东南流入荥水，水中生长着很多人鱼。山上有很多梓树和楠树，野兽大多是麢和麋鹿。山中有一种草，名叫莽草，可以用它来毒鱼。

又东南二百里，曰帝囷之山，其阳多㻬琈之玉，其阴多铁。帝囷之水出于其上，潜于其下，多鸣蛇。

【译文】

再往东南二百里，有座山叫帝囷山，山的南面盛产㻬琈玉，山的北面有丰富的铁矿。帝囷水从这座山的山顶上发源，然后潜流到山下，水中有很多鸣蛇。

又东南五十里，曰视山，其上多韭。有井焉，名曰天井，夏有水，冬竭。其上多桑，多美垩金玉。

【译文】

再往东南五十里，有座山叫视山，山上有很多野韭菜。山中有一口井，叫作天井，夏天有水，冬天枯竭。山上有很多桑树，还盛产优良的垩土、金属矿物和玉石。

又东南二百里，曰前山，其木多槠①，多柏。其阳多金，其阴多赭。

【注释】

①槠：槠树，结的果实如同橡树的果实，可以吃，木质耐腐蚀，常被用作房屋的柱子。

【译文】

再往东南二百里，有座山叫前山，山上的树木以槠树为主，还有大量的柏树，山的南面盛产金属矿物，山的北面盛产赭石。

又东南三百里，曰丰山，有兽焉，其状如蝯①，赤目、赤喙、黄身，名曰雍和，见则国有大恐。神耕父处之，常游清泠②之渊，出入有光，见则其国为败。有九钟焉，是和霜鸣。其上多金，其下多榖柞杻橿。

【注释】

①蝯（yuán）：古同“猿”。

②泠（líng）：清冷。

【译文】

再往东南三百里，有座山叫丰山，山中有一种野兽，形状像猿猴，眼睛和嘴巴都是红色的，身子是黄色的，名字叫雍和，它在哪个国家出现，哪个国家就会发生大恐慌。山神耕父居住在这座山里，它常常在清泠渊巡游，出入时都有光芒闪耀，他在哪个国家出现，哪个国家就会衰败。丰山上还有九口钟，它们都会随着霜降而鸣响。山上盛产金属矿物，山下有很多构树、柞树、杻树和橿树。

又东北八百里，曰兔床之山，其阳多铁，其木多槠芧，其草多鸡谷，其本如鸡卵，其味酸甘，食者利于人。

【译文】

再往东北八百里，有座山叫兔床山，山的南面有丰富的铁矿，山上的树木大多是槠树和芧树，草类以鸡谷草居多，它的根茎像鸡蛋，味道又酸又甜，吃了它对身体有益。

又东六十里，曰皮山，多垩，多赭，其木多松柏。

【译文】

再往东六十里，有座山叫皮山，山上有大量的垩土和赭石，树木大多是松树和柏树。

又东六十里，曰瑶碧之山，其木多梓枏，其阴多青雘，其阳多白金。有鸟焉，其状如雉，恒食蜚，名曰鸩。

【译文】

再往东六十里，有座山叫瑶碧山，山上的树木大多是梓树和楠树，山的北面盛产青雘，山的南面盛产白银。山中有一种鸟，形状像野鸡，经常以蜚虫为食，名字叫鸩。

又东四十里，曰攻离之山，淯水出焉，南流注于汉。有鸟焉，其名曰婴勺，其状如鹊，赤目、赤喙、白身，其尾若勺，其鸣自呼。多㸲牛，多羬羊。

【译文】

再往东四十里，有座山叫攻离山，淯水从这里发源，然后向南流入汉水。山中有一种鸟，名字叫婴勺，它的形状像喜鹊，眼睛和嘴巴都是红色的，身子是白色的，尾巴与酒勺的形状相似，它的叫声就是自己的名字。攻离山上还有很多㸲牛、羬羊。

又东北五十里，曰袟篙之山①，其上多松柏机桓②。

【注释】

①袟篙（zhì diāo）之山：古山名。

②桓（huán）：桓树，树叶像柳叶，树皮是黄白色，可以洗涤衣服，除去污垢。

【译文】

再往东北五十里，有座山叫袟篙山，山上有很多松树、柏树、桤树和桓树。

又西北一百里，曰堇理之山①，其上多松柏，多美梓，其阳多丹雘，多金，其兽多豹虎。有鸟焉，其状如鹊，青身，白喙，白目，白尾，名曰青耕，可以御疫，其鸣自叫。

【注释】

①堇（qín）理之山：古山名。

【译文】

再往西北一百里，有座山叫堇理山，山上有很多松树和柏树，还有很多优良的梓树，山的北面盛产青雘和金属矿物，山上的野兽大多是豹子和老虎。山中有一种鸟，形状像喜鹊，遍体青色，嘴是白色的，眼睛和尾巴也是白色的，它的名字叫青耕，把它饲养在身边可以防御瘟疫，它发出的叫声就是自己的名字。

又东南三十里，曰依轱之山，其上多杻橿，多苴[①]。有兽焉，其状如犬，虎爪有甲，其名曰獜[②]，善駚坌[③]，食者不风。

【注释】

①苴：通“柤”，柤树。

②獜（lìn）：古代传说中的一种怪兽。

③駚坌（yāng fèn）：跳跃腾扑。

【译文】

再往东南三十里，有座山叫依轱山，山上有很多杻树、橿树和柤树。山中有一种野兽，形状像狗，长着老虎一样的爪子，身上生有鳞甲，名字叫獜，擅长跳跃腾扑，吃了它就不会患风痺病。

又东南三十五里，曰即谷之山，多美玉，多玄豹，多闾麈，多麢臭。其阳多珉，其阴多青雘。

【译文】

再往东南三十五里，有座山叫即谷山，山上有很多优良的玉石，还有很多黑豹、山驴、麈、麢和臭。山的南面盛产珉石，山的北面盛产青雘。

又东南四十里，曰鸡山，其上多美梓，多桑，其草多韭。

【译文】

再往东南四十里，有座山叫鸡山，山上有很多优良的梓树，还有很多桑树，草类以野韭菜居多。

又东南五十里，曰高前之山，其上有水焉，甚寒而清，帝台之浆也，饮之者不心痛。其上有金，其下有赭。

【译文】

再往东南五十里，有座山叫高前山，山上有一条溪水，溪水非常清凉，这是帝台用过的浆水，喝了它能使人不患心痛病。山上有丰富的金属矿物，山下盛产赭石。

又东南三十里，曰游戏之山，多杻橿穀，多玉，多封石。

【译文】

再往东南三十里，有座山叫游戏山，山上有很多杻树、橿树和构树，还盛产玉石和封石。

又东南三十五里，曰从山，其上多松柏，其下多竹。从水出于其上，潜于其下，其中多三足鳖，枝尾，食之无蛊疾。

【译文】

再往东南三十五里，有座山叫从山，山上有很多松树和柏树，山下遍地都是竹丛。从水发源于这座山的山顶，然后潜流到山下，水中有很多三足鳖，它们长着叉开的尾巴，吃了它就能使人不患疑心病。

又东南三十里，曰婴硜之山[①]，其上多松柏，其下多梓櫄。

【注释】

①婴硜之山：古山名。

【译文】

再往东南三十里，有座山叫婴硜山，山上有很多松树和柏树，山下有很多梓树和櫄树。

又东南三十里，曰毕山，帝苑之水出焉，东北流注于瀙，其中多水玉，多蛟。其上多㻬琈之玉。

【译文】

再往东南三十里，有座山叫毕山，帝苑水从这里发源，然后向东北流入瀙水，水中有很多水晶石，还有很多蛟龙。毕山上盛产㻬琈玉。

又东南二十里，曰乐马之山，有兽焉，其状如彙[①]，赤如丹火，其名曰狼[②]，见则其国大疫。

【注释】

①彙（huì）：刺猬。

②狼（lì）：古兽名。

【译文】

再往东南二十里，有座山叫乐马山，山中有一种野兽，形状和刺猬相似，全身赤红好像火一样，名字叫狼，它在哪个国家出现，哪个国家就会发生大瘟疫。

又东南二十五里，曰葴山[①]，视水出焉，东南流注于汝水，其中多人鱼，多蛟，多颉[②]。

【注释】

①葴（zhēn）山：山名。

②颉（xié）：传说中像青狗的怪兽。

【译文】

再往东南二十五里，有座山叫葴山，视水从这里发源，然后向东南流入汝水，水中有很多人鱼、蛟龙和颉。

又东四十里，曰婴山，其下多青雘，其上多金玉。

【译文】

再往东四十里，有座山叫婴山，山下盛产青雘，山上有丰富的金属矿物和玉石。

又东三十里，曰虎首之山，多苴椆椐。

【译文】

再往东三十里，有座山叫虎首山，山上有很多柤树、椆树和椐树。

又东二十里，曰婴侯之山，其上多封石，其下多赤锡。

【译文】

再往东二十里，有座山叫婴侯山，山上盛产封石，山下有大量的红色锡土。

又东五十里，曰大孰之山，杀水出焉，东北流注于视水，其中多白垩。

【译文】

再往东五十里，有座山叫大䓨山，杀水从这里发源，然后向东北流入瀙水，沿岸有很多白色垩土。

又东四十里，曰卑山，其上多桃、李、苴、梓，多櫐[①]。

【注释】

①櫐（lěi）：又叫作藤，一种与虎豆同类的植物。

【译文】

再往东四十里，有座山叫卑山，山上有很多桃树、李树、柤树、梓树和藤树。

又东三十里，曰倚帝之山，其上多玉，其下多金。有兽焉，状如鼣鼠[①]，白耳白喙，名曰狙如[②]，见则其国有大兵。

【注释】

①鼣（fèi）鼠：古代传说中的一种野兽。

②狙（jū）如：古兽名。

【译文】

再往东三十里，有座山叫倚帝山，山上盛产玉石，山下有丰富的金属矿物。山中有一种野兽，形状像鼣鼠，耳朵和嘴巴全是白色的，名字叫狙如，它在哪个国家出现，哪个国家就会发生大战。

又东三十里，曰鯢山，鯢水出于其上，潜于其下，其中多美垩。其上多金，其下多青雘。

【译文】

再往东三十里，有座山叫鯢山，鯢水从这座山的山顶发源，然后潜流到山下，沿岸有很多优良的垩土。山上有丰富的金属矿物，山下有大量的青雘。

又东三十里，曰雅山，澧水出焉，东流注于瀙水，其中多大鱼。其上多美桑，其下多苴，多赤金。

【译文】

再往东三十里，有座山叫雅山，澧水从这里发源，然后向东流入瀙水，水中有很多大鱼。山上有很多优良的桑树，山下有很多柤树，并且还盛产赤金。

又东五十五里，曰宣山，沦水出焉，东南流注于瀙水，其中多蛟。其上有桑焉，大五十尺，其枝四衢，其叶大尺余，赤理黄华青柎，名曰帝女之桑。

【译文】

再往东五十五里，有座山叫宣山，沦水从这里发源，然后向东南流入瀙水，水中有很多蛟龙。山上有一种桑树，树干合抱有五十尺粗细，树枝交叉伸向四方，树叶有一尺多长，有红色的纹理、黄色的花朵、青色的花萼，名字叫帝女桑。

又东四十五里，曰衡山，其上多青雘，多桑，其鸟多鸜鹆。

【译文】

再往东四十五里，有座山叫衡山，山上盛产青雘，还有很多桑树，鸟类以八哥居多。

又东四十里，曰丰山，其上多封石，其木多桑，多羊桃，状如桃而方茎，可以为[1]皮张[2]。

【注释】

①为：治理，这里是治疗的意思。

②张：通“胀”，浮肿。

【译文】

再往东四十里，有座山叫丰山，山上有大量的封石，树木大多是桑树，还有大量的羊桃树，它的形状像一般的桃树，树干却呈方形，可以用它医治皮肤肿胀病。

又东七十里，曰妪山，其上多美玉，其下多金，其草多鸡谷。

【译文】

再往东七十里，有座山叫妪山，山上盛产优良的玉石，山下有丰富的金属矿物，草类以鸡谷草居多。

又东三十里，曰鲜山，其木多楢杻苴，其草多亹冬，其阳多金，其阴多铁。有兽焉，其状如膜犬[1]，赤喙、赤目、白尾，见则其邑有火，名曰狢即[2]。

【注释】

①膜犬：狗名，这种狗体形高大，长着浓密的毛，性情猛悍，力量很大。

②狢（yí）即：古兽名。

【译文】

再往东三十里，有座山叫鲜山，山上的树木大多是楢树、杻树和柤树，草类以亹冬居多，山的南面有丰富的金属矿物，山的北面有丰富的铁矿。山中有一种野兽，形状像膜犬，眼睛和嘴巴都是红色的，尾巴是白色的，它出现在哪里，哪里就会有火灾，它的名字叫狢即。

又东三十里，曰皋山，其阳多金，其阴多美石。皋水出焉，东流注于澧水，其中多脃石①。

【注释】

①脃（cuì）石：一种又轻又软而且易断易碎的石头。脃，即“脆”的本字。

【译文】

再往东三十里，有座山叫皋山，山的南面有丰富的金属矿物，山的北面有大量美丽的石头。皋水从这里发源，然后向东流入澧水，水中有许多脃石。

又东二十五里，曰大支之山，其阳多金，其木多榖柞，无草。

【译文】

再往东二十五里，有座山叫大支山，山的南面有丰富的金属矿物，山上的树木大多是构树和柞树，没有花草。

又东五十里，曰区吴之山，其木多苴。

【译文】

再往东五十里，有座山叫区吴山，山上的树木大多是柤树。

又东五十里，曰声匈之山，其木多榖，多玉，上多封石。

【译文】

再往东五十里，有座山叫声匈山，山上的树木大多是构树，并且遍布玉石和封石。

又东五十里，曰大騩之山，其阳多赤金，其阴多砥石。

【译文】

再往东五十里，有座山叫大騩山，山的南面盛产赤金，山的北面有很多细磨刀石。

又东十里，曰踵臼之山，无草木。

【译文】

再往东十里，有座山叫踵臼山，山上没有花草树木。

又东北七十里，曰历石之山，其木多荆芑，其阳多黄金，其阴多砥石。有兽焉，其状如狸，而白首虎爪，名曰梁渠，见则其国有大兵。

【译文】

再往东北七十里，有座山叫历石山，山上的树木大多是牡荆和枸杞，山的南面盛产黄金，山的北面盛产细磨刀石。山中有一种野兽，形状像野猫，但长着白色的脑袋和老虎一样的爪子，名字叫梁渠，它在哪个国家出现，哪个国家就会发生大战。

又东南一百里，曰求山，求水出于其上，潜于其下，中有美赭。其木多苴，多䈥。其阳多金，其阴多铁。

【译文】

再往东南一百里，有座山叫求山，求水从这座山的山顶上发源，然后潜流到山下，这里有很多优良的赭石。山上的树木大多是柤树，还有矮小丛生的䈥竹。山的南面有丰富的金属矿物，山的北面有丰富的铁矿。

又东二百里，曰丑阳之山，其上多椆椐[1]。有鸟焉，其状如乌而赤足，名曰鴸鵌[2]，可以御火。

【注释】

①椆椐（chóu jū）：树名。

②鴸鵌（zhǐ tú）：古代传说中的一种鸟。

【译文】

再往东二百里，有座山叫丑阳山，山上有很多椆树和椐树。山中有一种鸟，形状像乌鸦，但爪子是红色的，名字叫鴸鵌，把它饲养在身边可以防御火灾。

又东三百里，曰奥山，其上多柏杻橿，其阳多㻬琈之玉。奥水出焉，东流注于视水。

【译文】

再往东三百里，有座山叫奥山，山上有很多松树、杻树和橿树，山的南面盛产㻬琈玉。奥水从这里发源，然后向东流入视水。

又东三十五里，曰服山，其木多苴，其上多封石，其下多赤锡。

【译文】

再往东三十五里，有座山叫服山，山上的树木大多是柤树，并且有大量的封石，山下有丰富的红色锡土。

又东三百里，曰杳山，其上多嘉荣草，多金玉。

【译文】

再往东三百里，有座山叫杳山，山上遍布嘉荣草，还有丰富的金属矿物和玉石。

又东三百五十里，曰几山，其木多楢檀杻，其草多香。有兽焉，其状如彘，黄身、白头、白尾，名曰闻豨，见则天下大风。

【译文】

再往东三百五十里，有座山叫几山，山上的树木大多是楢树、檀树、杻树，而草类以各种香草居多。山中有一种野兽，形状像猪，却是黄色的身子、白色的脑袋和尾巴，名字叫闻豨，它一旦出现，就会狂风大作。

凡荆山之首，自翼望之山至于几山，凡四十八山，三千七百三十二里。其神状皆彘身人首。其祠：毛用一雄鸡祈瘗，婴用一珪，糈用五种之精。禾山[①]，帝也。其祠：太牢之具，羞瘗倒毛[②]，婴用一璧。牛无常。堵山、玉山，冢也，皆倒祠[③]，羞用少牢，婴用吉玉。

【注释】

①禾山：这一山系并未述及禾山，不知是哪一山的误写。

②倒毛：毛指毛物，即作为祭品的牲畜。倒毛就是在祭礼举行完后，把猪、牛、羊三牲反倒着身子埋掉。

③倒祠：也是倒毛的意思。

【译文】

总计荆山山系之首尾，从翼望山开始，到几山为止，共四十八座山，三千七百三十二里。这些山的山神都是猪的身子，人的脑袋。祭祀诸山山神的礼仪如下：用一只公鸡做祭品，祭祀后埋入地下，祀神的玉器中用一块玉珪，祀神的米用五种粮米。禾山是诸山的首领。祭祀禾山山神的礼仪如下：以猪、牛、羊齐全的三牲作为祭品，进献后将牲畜倒着埋入地下，祀神的玉器中用一块玉璧，但也不一定三牲全备。堵山、玉山，是诸山的宗主，祭祀后也要将牲畜倒着埋入地下，进献的祭祀品要用猪、羊，祀神的玉器中要用一块吉玉。

中次十二经洞庭山之首，曰篇遇之山，无草木，多黄金。

【译文】

中央第十二列山系是洞庭山系，首座山叫篇遇山，山上没有花草树木，有丰富的黄金。

又东南五十里，曰云山，无草木，有桂竹[①]，甚毒，伤[②]人必死。其上多黄金，其下多瑻琈之玉。

【注释】

①桂竹：竹子的一种。

②伤：作动词，刺。

【译文】

再往东南五十里，有座山叫云山，山上没有花草树木。但生长着桂竹，它的毒性很大，人被它的枝叶刺到就会死。山上盛产黄金，山下盛产瑻琈玉。

又东南一百三十里，曰龟山，其木多穀柞椆椐，其上多黄金，其下多青、雄黄，多扶竹[①]。

【注释】

①扶竹：邛竹。可制作手杖。

【译文】

再往东南一百三十里，有座山叫龟山，山上的树木大多是构树、柞树、椆树和椐树，山上盛产黄金，山下盛产石青和雄黄，还遍布着扶竹。

又东七十里，曰丙山，多筀竹[1]，多黄金铜铁，无木。

【注释】

①筀（guì）竹：桂竹。

【译文】

再往东七十里，有座山叫丙山，山上有很多桂竹，还蕴藏着丰富的黄金、铜矿和铁矿，没有树木生长。

又东南五十里，曰风伯之山，其上多金玉，其下多痠石[1]、文石，多铁，其木多柳杻檀楮。其东有林焉，曰莽浮之林，多美木鸟兽。

【注释】

①痠（suān）石：传说中的一种石头。

【译文】

再往东南五十里，有座山叫风伯山，山上盛产金属矿物和玉石，山下盛产痠石、带花纹的石头以及铁。树木大多是柳树、杻树、檀树和构树。风伯山的东面有一片树林，叫莽浮林，林中有大量的优良的树木和鸟兽。

又东一百五十里，曰夫夫之山，其上多黄金，其下多青、雄黄，其木多桑楮，其草多竹、鸡鼓。神于儿居之，其状人身手操两蛇，常游于江渊，出入有光。

【译文】

再往东一百五十里，有座山叫夫夫山，山上盛产黄金，山下盛产石青和雄黄，树木大多是桑树和构树，草类则以竹子和鸡谷草居多。有位叫于儿的山神就住在这里，他长着人的身子，手里握着两条蛇，经常在长江的深渊中巡游，出没时有光闪耀。

又东南一百二十里，曰洞庭之山，其上多黄金，其下多银铁，其木多柤、梨、橘、櫾，其草多葌、蘪芜、芍药、芎䓖。帝之二女居之，是常游于江渊。澧沅之风，交潇湘之渊，是在九江之间，出入必以飘风暴雨。是多怪神，状如人而载蛇，左右手操蛇。多怪鸟。

【译文】

再往东南一百二十里，有座山叫洞庭山，山上盛产黄金，山下有丰富的银和铁，树木大多是柤树、梨树、橘子树和柚子树，草类以兰草、蘪芜、芍药、芎䓖这类的香草居多。天帝的两个女儿居住在这里，她们经常在长江的深渊里巡游。从澧水和沅水吹过来的风，会在湘水的渊潭上交会，而这里正是九条江水汇合的中间地带，两位神女出入时必然会有狂风暴雨。洞庭山中还有很多神怪，他们长得像人，身上缠绕着蛇，两只手也握着蛇。山上还有大量的怪鸟。

又东南一百八十里，曰暴山，其木多棕、枏、荆、芑、竹、箭、䉋、箘，其上多黄金、玉，其下多文石、铁，其兽多麋鹿、麢，就①。

【注释】

①就：鹫鹰。

【译文】

再往东南一百八十里，有座山叫暴山，山上的草木大多是棕树、楠树、牡荆树、枸杞树、竹子、箭竹、竹䉋和箘竹，山上盛产黄金和玉石，山下盛产带花纹的石头和铁，野兽大多是麋鹿、鹿和麐，鸟类以鹫鹰居多。

又东南二百里，曰即公之山，其上多黄金，其下多㻬琈之玉，其木多柳杻檀桑。有兽焉，其状如龟，而白身赤首，名曰蛫[①]，是可以御火。

【注释】

①蛫（guǐ）：传说中的野兽。

【译文】

再往东南二百里，有座山叫即公山，山上盛产黄金，山下盛产㻬琈玉，山上的树木大多是柳树、杻树、檀树和桑树。山中有一种野兽，形状和乌龟相似，长着白色身子和红色脑袋，名字叫蛫，把它饲养在身边可以防御火灾。

又东南一百五十九里，有尧山，其阴多黄垩，其阳多黄金，其木多荆芑柳檀，其草多藷萸茮。

【译文】

再往东南一百五十九里，有座山叫尧山，山的北面盛产黄色垩土，山的南面盛产黄金，尧山上的树木大多是牡荆树、枸杞树、柳树和檀树，草类以山药、茮草居多。

又东南一百里，曰江浮之山，其上多银、砥砺，无草木，其兽多豕鹿。

【译文】

再往东南一百里，有座山叫江浮山，山上盛产银和磨刀石，没有花草树木，野兽大多是野猪和鹿。

又东二百里，曰真陵之山，其上多黄金，其下多玉，其木多穀柞柳杻，其草多荣草。

【译文】

再往东二百里，有座山叫真陵山，山上盛产黄金，山下盛产玉石，树木大多是构树、柞树、柳树和杻树，草类以荣草居多。

又东南一百二十里，曰阳帝之山，多美铜，其木多橿杻檿[①]楮，其兽多麢麝。

【注释】

①檿（yǎn）：山桑树，木质坚硬。

【译文】

再往东南一百二十里，有座山叫阳帝山，山上有很多优良的铜，树木大多是橿树、杻树、山桑树和楮树，野兽主要有麢和香獐。

又南九十里，曰柴桑之山，其上多银，其下多碧，多泠石、赭，其木多柳芑楮桑，其兽多麋鹿，多白蛇、飞蛇[①]。

【注释】

①飞蛇：神话传说中的螣蛇，也叫腾蛇。

【译文】

再往南九十里，有座山叫柴桑山，山上盛产银，山下盛产碧玉，并且遍布泠石和赭石，柴桑山上的树木大多是柳树、枸杞树、楮树和桑树，野兽大多是麋鹿和鹿，还有很多白色的蛇和飞蛇。

又东二百三十里，曰荣余之山，其上多铜，其下多银，其木多柳芑，其虫多怪蛇、怪虫。

【译文】

再往东二百三十里，有座山叫荣余山，山上盛产铜，山下盛产银，树木大多是柳树和枸杞树，虫类以怪蛇和怪虫居多。

凡洞庭山之首，自篇遇之山至于荣余之山，凡十五山，二千八百里。其神状皆鸟身而龙首。其祠：毛用一雄鸡，一牝豚刉，糈用稌。凡夫夫之山、即公之山、尧山、阳帝之山，皆冢也，其祠：皆肆①瘗，祈用酒，毛用少牢，婴用一吉玉。洞庭、荣余山，神也，其祠：皆肆瘗，祈酒太牢祠，婴用圭璧十五，五采惠②之。

【注释】

①肆：陈列。

②惠：通“绘”，装饰，绘饰。

【译文】

总计洞庭山山系之首尾，从篇遇山开始，到荣余山为止，共十五座山，二千八百里。这些山的山神都长着鸟的身子，龙的脑袋。祭祀诸山山神的礼仪如下：宰杀一只公鸡和一头母猪做祭品，祭祀的米用稻米。夫夫山、即公山、尧山和阳帝山是诸山的宗主，祭祀这几座山的山神的礼仪如下：摆出牲畜、玉器，然后将它们埋入地下，祈神用美酒献祭，祭品用猪和羊二牲，玉器要用一块吉玉。洞庭山和荣余山，是神灵显圣的地方，祭祀这两座山的山神的礼仪如下：摆好牲畜、玉器，然后将其埋入地下，祈神用美酒以及猪、牛、羊三牲献祭，玉器要用十五块玉圭和十五块玉璧，用五种颜色装饰它们。

右中经之山志，大凡百九十七山，二万一千三百七十一里。

【译文】

以上是中央山系的总记录，共有一百九十七座山，二万一千三百七十一里。

大凡天下名山五千三百七十，居地大凡六万四千五十六里。

【译文】

天下名山共有五千三百七十座，分布在东西南北中各个地方，一共有六万四千零五十六里。

禹曰：天下名山，经五千三百七十山，六万四千五十六里，居地也，言其《五臧》[①]，盖其余小山甚众，不足记云。天地之东西二万八千里，南北二万六千里，出水者八千里，受水者八千里，出铜之山四百六十七，出铁之山三千六百九十。此天地之所分壤树谷[②]也，戈矛之所发也，刀铩[③]之所起也，能者有余，拙者不足。封于太山[④]，禅[⑤]于梁父，七十二家，得失之数[⑥]，皆在此内，是谓国用。

【注释】

①《五臧》：即五脏，指人的脾、肺、肾、肝、心。这里用来比喻《五臧山经》中所记的大山。

②树：种植。谷：泛指农作物。

③铩（shā）：大矛，古代一种兵器。

④封于太山：古时帝王在泰山祭天的活动。太山，泰山。

⑤禅：古时帝王在泰山南面的小山梁父山上祭地的活动。

⑥数：命运。

【译文】

大禹曾说：天下有名的山，他经历了五千三百七十座，长达六万四千零五十六里，这些山分布在东南西北中各个地方，之所以《五臧山经》里只记录这些名山，是因为其他的小山虽众多，却不足以去一一记录。广博的大地从东到西有二万八千里，从南到北有二万六千里，成为江河发源地的山有八千里，河流流经的山也有八千里。盛产铜的山共有四百六十七座，盛产铁的山共有三千六百九十座。这些富饶的山川就是划分疆土、种植农作物的标准，也是武器的来源、战争产生的原因，有能力的人会很富足，没有能力的人就会贫穷。帝王在泰山祭天、在梁父山祭地，共有七十二家，他们兴衰成败的命运，都在这辽阔的山川中发生着，国家的物产都从这些大地上获得。

右《五臧山经》五篇，大凡一万五千五百三字。

【译文】

以上是《五臧山经》五篇，共有一万五千五百零三字。

海外南经第六

地之所载，六合[①]之间，四海之内，照之以日月，经之以星辰，纪之以四时，要之以太岁[②]，神灵所生，其物异形，或夭或寿，唯圣人能通其道。

【注释】

①六合：古人以东、西、南、北、上、下六方为六合。

②太岁：木星，古人称为“岁星”。

【译文】

大地所负载的，包括天地四方之间的万物，在四海以内，有日月光辉照耀着，有大小星辰运行着，有春夏秋冬来记载季节，用木星的运行轨迹来记年。万物都是神灵造化所生成，这些生物各有不同的形状，有的夭折而有的长寿，只有圣明之人才能懂得其中的道理。

海外自西南陬至东南陬[①]者。

【注释】

①陬（zōu）：同“隅”，角落。

【译文】

海外从西南角到东南角的国家地区、山丘河川如下所述。

结匈[①]国在其西南，其为人结匈。

【注释】

①结匈：称“结胸”。匈，通“胸”。

【译文】

结胸国在西南面，那里的人都长着像鸡胸一样尖削凸出的胸脯。

南山在其东南。自此山来，虫为蛇，蛇号为鱼。一曰南山在结匈东南。

【译文】

南山在它东南面。从这座山来的人，把虫叫作蛇，把蛇叫作鱼。还有一种说法认为南山在结胸国的东南面。

比翼鸟在其东，其为鸟青、赤，两鸟比翼。一曰在南山东。

【译文】

比翼鸟在它的东面，这种鸟有青色、红色间杂的羽毛，两只鸟的翅膀配合起来才能飞翔。也有一种说法认为比翼鸟在南山的东面。

羽民国在其东南，其为人长头，身生羽。一曰在比翼鸟东南，其为人长颊。

【译文】

羽民国在它的东南面，那里的人脑袋很长，全身生满羽毛。还有一种说法认为羽民国在比翼鸟的东南面，那里的人脸颊都非常长。

有神人二八，连臂，为帝司[1]夜于此野。在羽民东。其为人小颊赤肩。

【注释】

①司：视察。这里是守候的意思。

【译文】

有位名叫二八的神人，两条手臂是连在一起的，他的职责是在旷野中为天帝守夜。这位神人在羽民国的东面，那里的人脸颊都很狭小，肩膀是红色的。

毕方鸟在其东，青水西，其为鸟一脚，一曰在二八神东。

【译文】

毕方鸟在它的东面，也就是青水的西面，这种鸟只有一只脚。还有一种说法认为毕方鸟在二八神人的东面。

讙头[①]国在其南，其为人人面有翼，鸟喙，方捕鱼。一曰在毕方东。或曰讙朱国。

【注释】

①讙（huān）头：就是所说的讙朱、丹朱等。

【译文】

讙头国在它的南面，那里的人都长着人的面孔，却有两只翅膀和鸟嘴，能在河里捕鱼。还有一种说法认为讙头国在毕方鸟的东面。还有人认为讙头国就是讙朱国。

厌火国在其南，其为人兽身黑色，火出其口中，一曰在讙朱东。

【译文】

厌火国在它的南面，那里的人都长着兽身并且遍体发黑，火能够从他们的口中喷出。还有一种说法认为厌火国在讙朱国的东面。

三珠树在厌火北，生赤水上，其为树如柏，叶皆为珠。一曰其为树若彗[1]。

【注释】

①彗：彗星。因为它拖着一条像扫帚一样的尾巴，所以俗称“扫帚星”。这里是指树的形状像一把扫帚。

【译文】

三珠树在厌火国的北面，它生长在赤水边上，这里的树长得像柏树，叶子都是珍珠。还有一种说法认为这个国家的树形状像彗星一样。

三苗国[1]在赤水东，其为人相随。一曰三毛国。

【注释】

①三苗国：郭璞注：“昔尧以天下让舜，三苗之君非之，帝杀之，有苗之民，叛入南海，为三苗国。”

【译文】

三苗国在赤水的东面，这里的人彼此跟随着结伴行走。还有一种说法认为三苗国就是三毛国。

䰕国[1]在其东，其为人黄，能操弓射蛇。一曰盛国在三毛东。

【注释】

①䰕（zhì）国：神话传说中的国名。

【译文】

䰕国在它的东面，那里的人皮肤是黄色的，能拉弓射中蛇。还有一种说法认为盛国在三毛国的东面。

贯匈国在其东，其为人匈有窍。一曰在䰕国东。

【译文】

贯胸国在它的东面，那里的人胸膛上都有一个小洞。还有一种说法认为贯胸国在𢧵国的东面。

交胫[①]国在其东，其为人交胫。一曰在穿匈[②]东。

【注释】

①交胫：小腿相交。

②穿匈：贯匈。

【译文】

交胫国在它的东面，那里的人小腿总是互相交叉着。还有一种说法认为交胫国在贯胸国的东面。

不死民在其东，其为人黑色，寿，不死。一曰在穿匈国东。

【译文】

不死民在它的东面，那里的人都是黑色的，人人长寿，不会死。还有一种说法认为不死民在贯胸国的东面。

反舌国在其东，其为人反舌。一曰支舌国，在不死民东。

【译文】

反舌国在它的东面，那里的人都是舌根朝外、舌尖伸向喉部。还有一种说法叫支舌国，在不死民的东面。

昆仑虚[①]在其东，虚[②]四方。一曰在反舌东，为虚四方。

【注释】

①昆仑虚：昆仑山，亦作昆仑丘。

②虚：指山下底部的地基。

【译文】

昆仑山在它的东面，山底的地基呈四方形。还有一种说法认为昆仑山在反舌国的东面，山底的地基呈四方形。

羿[①]与凿齿[②]战于寿华之野，羿射杀之。在昆仑虚东。羿持弓矢，凿齿持盾。一曰持戈。

【注释】

①羿：传说是中国夏代有穷国的君主，善于射箭，亦称“后羿”。

②凿齿：传说中亦人亦兽的神人，长有像凿子一样的长牙。

【译文】

后羿与凿齿在一个叫寿华的荒野中厮杀，后羿把凿齿射杀了。那个地方就在昆仑山的东面。后羿手持弓箭，凿齿手持盾牌。还有一种说法认为凿齿拿的是戈。

三首国在其东，其为人一身三首。一曰在凿齿东。

【译文】

三首国在它的东面，那里的人都是一个身体三个脑袋。还有一种说法认为三首国在凿齿的东面。

周饶国在其东，其为人短小，冠带[①]。一曰焦侥国[②]在三首东。

【注释】

①冠带：这里都用作动词，戴上冠帽、系上衣带。

②焦侥国：周饶国，而“焦侥”“周饶”都是“侏儒”之声转，就是现在所说的小人国。

【译文】

周饶国在它的东面，那里的人身材都很短小，喜欢戴帽子、系腰带。还有一种说法认为周饶国在三首国的东面。

长臂国在其东，捕鱼水中，两手各操一鱼。一曰在焦饶东，捕鱼海中。

【译文】

长臂国在它的东面，那里的人擅长在水中捕鱼，两只手能够各抓一条鱼。还有一种说法认为长臂国在周饶国的东面，那里的人擅长在大海中捕鱼。

狄山，帝尧葬于阳，帝喾①葬于阴。爰有熊、罴、文虎、蜼、豹、离朱②、视肉③。吁咽④、文王⑤皆葬其所。一曰汤山。一曰爰有熊、罴、文虎、蜼、豹、离朱、鸱久⑥、视肉、虖交。

【注释】

①帝喾（kù）：传说中的上古帝王名。

②离朱：可能是神话传说中的三足乌，这种鸟生长在太阳里，与乌鸦相似。

③视肉：传说中的一种怪兽，形状像牛肝，有两只眼睛，肉被割去后能够重新长出来。

④吁咽：可能指传说中的上古帝王虞舜。

⑤文王：周文王姬昌，是周朝开国君主。

⑥鸱久：古代传说中的一种鸟。

【译文】

有座山叫狄山，帝尧死后葬在它的南面，帝喾死后葬在它的北面。山上有熊、罴、花斑虎、长尾猿、豹、三足乌、视肉。吁咽和文王也葬在这里。还有一种说法认为狄山也叫汤山。还有一种说法认为这里有熊、罴、花斑虎、长尾猿、豹、三足乌、鸱久、视肉、虖交。

有范林方三百里。

【译文】

有一片方圆三百里大小的范林。

南方祝融[1]，兽身人面，乘两龙。

【注释】

①祝融：神话传说中的火神。

【译文】

南方有个神名叫祝融，长着野兽的身子和人的面孔，常常乘着两条龙飞行。

海外西经第七

海外自西南陬至西北陬者。

【译文】

海外从西南角到西北角的国家地区、山丘河川如下所述。

灭蒙鸟在结匈国北，为鸟青，赤尾。

【译文】

灭蒙鸟在结胸国的北面，那里的鸟是青色羽毛，尾巴是红色的。

大运山高三百仞，在灭蒙鸟北。

【译文】

大运山高三百仞，屹立在灭蒙鸟的北面。

大乐之野，夏后启于此儛[①]《九代》，乘两龙，云盖三层。左手操翳[②]，右手操环，佩玉璜[③]。在大运山北。一曰大遗之野。

【注释】

①夏后启于此儛：夏后启即夏启王，大禹之子。儛，同“舞”。

②翳（yì）：用来跳舞的舞具，用华丽的羽毛制成，形如车盖。

③璜（huáng）：一种弧形的玉器。

【译文】

大乐野，夏后启在这里观看乐舞《九代》，他乘驾着两条龙，有三重云雾在他的头上作为伞盖。他左手握着一把华盖，右手拿着一只玉环，腰间佩挂着一块玉璜。大乐野在大运山的北面。还有一种说法认为夏后启观看乐舞《九代》是在大遗野。

三身国在夏后启北，一首而三身。

【译文】

三身国在夏后启的北面，那里的人都长着一个脑袋和三个身子。

一臂国在其北，一臂、一目、一鼻孔。有黄马虎文，一目而一手。

【译文】

一臂国在它的北面，那里的人都是一条胳膊、一只眼睛、一个鼻孔。那里还有一种黄色的马，身上有老虎斑纹，长着一只眼睛和一只手。

奇肱[①]之国在其北，其人一臂三目，有阴有阳，乘文马[②]。有鸟焉，两头，赤黄色，在其旁。

【注释】

①奇肱（jī gōng）：这里指整条手臂。

②文马：吉良马，白身子、红鬃毛，眼睛像黄金，骑上它寿命可达千岁。

【译文】

奇肱国在它的北面，那里的人都长着一只手臂、三只眼睛，眼睛有阴有阳，阴眼在上，阳眼在下，常常骑着带花纹的吉良马。那里还生长着一种鸟，这种鸟长着两个脑袋，身子是红黄色，栖息在人们的身旁。

刑天[①]与帝争神，帝断其首，葬之常羊之山。乃以乳为目，以脐为口，操干戚以舞。

【注释】

①刑天：神话传说中一个没有头的神。

【译文】

刑天与天帝争夺神位，天帝砍断了刑天的头，把他的头埋在常羊山上。刑天于是以两只乳头为眼睛，以肚脐为嘴巴，一手持盾牌一手操大斧继续作战。

女祭、女薎[①]在其北，居两水间。薎操鱼䱇[②]，祭操俎。

【注释】

①薎（miè）：古同“蔑”。

②䱇（dàn）：古代的一种酒器。

【译文】

女祭、女薎两个女神在刑天的北面，居住在两条河水中间，女薎手里拿着一个小酒杯，女祭手里捧着一只俎。

𪀨鸟[①]、鸖鸟[②]，其色青黄，所经国亡。在女祭北。𪀨鸟人面，居山上。一曰维鸟，青鸟、黄鸟所集。

【注释】

①𪀨（cì）鸟：古鸟名。

②鸖（zhān）鸟：古鸟名。

【译文】

𪀨鸟、鸖鸟的羽毛颜色青中带黄，它们经过的国家都会灭亡。它们栖息在女祭的北面。鸾鸟长着人的面孔，栖息在山上。还有一种说法认为这两种鸟统称为维鸟，是青色的、黄色的维鸟聚集在一起的混称。

丈夫国在维鸟北，其为人衣冠带剑。

【译文】

丈夫国在维鸟的北面，那里的人都穿衣戴帽，佩带宝剑。

女丑之尸，生而十日炙杀之。在丈夫北。以右手鄣①其面。十日居上，女丑居山之上。

【注释】

①鄣（zhāng）：同“障”，挡住，遮掩。

【译文】

有一具女丑的尸体，她生前是被十个太阳的热气烤死的。她的尸体在丈夫国的北面。她死时用右手遮住自己的脸面。十个太阳高高挂在尸体上方，女丑的尸体横卧在山顶上。

巫咸国在女丑北，右手操青蛇，左手操赤蛇。在登葆山，群巫所从上下也。

【译文】

巫咸国在女丑的北面，那里的人右手拿着青蛇，左手拿着红蛇。有座山叫登葆山，是这些巫师来往于天界与人间的通道。

并封在巫咸东，其状如彘，前后皆有首，黑。

【译文】

被叫作并封的怪兽在巫咸国的东面，它的形状像猪，却前后都有头，遍体黑色。

女子国在巫咸北，两女子居，水周之。一曰居一门中。

【译文】

女子国在巫咸国的北面，有两个女子住在这里，四周有水环绕。还有一种说法认为她们住在一道门的里面。

轩辕之国在此穷山之际，其不寿者八百岁。在女子国北，人面蛇身，尾交首上。

【译文】

轩辕国在穷山的旁边，在那里即便是不长寿的人也能活八百岁。轩辕国在女子国的北面，那里的人长着人的面孔和蛇的身子，尾巴盘绕在头顶上。

穷山在其北，不敢西射，畏轩辕之丘。在轩辕国北，其丘方，四蛇相绕。

【译文】

穷山在它的北面，那里的人不敢向西方射箭，因为他们敬畏黄帝威灵所在的轩辕丘。轩辕丘在轩辕国的北面，呈方形，被四条大蛇围绕着。

诸沃之野，沃民是处，鸾鸟自歌，凤鸟自舞。凤皇卵，民食之；甘露，民饮之，所欲自从也。百兽相与群居。在四蛇北。其人两手操卵食之，两鸟居前导之。

【译文】

有个叫作沃野的地方，那里鸾鸟自由自在地歌唱，凤鸟自由自在地舞蹈。凤凰生下的蛋，那里的人食用它；苍天降下的甘露，那里的人饮用它，凡是他们想要的都能随其所愿。那里各种野兽群居在一起。沃野在四条蛇的北面，那里的人用双手捧着凤凰蛋吃，有两只鸟在前面引导着。

龙鱼陵居在其北，状如鲤。一曰鰕[1]。即有神圣乘此以行九野。一曰鳖鱼在沃野北，其为鱼也如鲤。

【注释】

①鰕（xiā）：体型大的鲵鱼，因叫声如同小孩啼哭，俗称"娃娃鱼"。

【译文】

龙鱼能够在水中和山陵中生存，在沃野的北面，形状像鲤鱼。还有一种说法认为龙鱼像鰕鱼。有神人骑着它在九州的原野上遨游。还有一种说法认为鳖鱼在沃野的北面，这种鱼的形状也像鲤鱼。

白民之国在龙鱼北，白身被[1]发。有乘黄，其状如狐，其背上有角，乘之寿二千岁。

【注释】

①被：通"披"。

【译文】

白民国在龙鱼的北面，那里的人皮肤白皙，头发披散。那里有一种叫乘黄的怪兽，形状像狐狸，脊背上有角，人要是骑上它能够活到两千岁。

肃慎之国在白民北，有树名曰雒棠，圣人代立，于此取衣。

【译文】

肃慎国在白民国的北面，那里生长着一种名叫雒棠的树，每当中原地区有圣明的天子继位时，那里的人就用雒棠的树皮做衣服。

长股之国在雒棠北，被发。一曰长脚。

【译文】

长股国在雒棠树的北面，那里的人总是披散着头发。还有一种说法认为它叫长脚国。

西方蓐收[①]，左耳有蛇，乘两龙。

【注释】

①蓐收：神话传说中的金神。

【译文】

西方有神叫蓐收，左耳上长有一条蛇，常常乘驾两条龙飞行。

海外北经第八

海外自西北陬至东北陬者。

【译文】

海外从西北角到东北角的国家地区、山丘河川如下所述。

无启之国在长股东，为人无启。

【译文】

无启国在长股国的东面，那里的人不生育子孙后代。

钟山之神，名曰烛阴，视为昼，瞑为夜，吹为冬，呼为夏，不饮，不食，不息①，息为风，身长千里。在无启之东。其为物，人面，蛇身，赤色，居钟山下。

【注释】

①息：气息，这里用作动词，意为呼吸。

【译文】

钟山的山神名叫烛阴，他睁开眼睛便是白昼，闭上眼睛便是黑夜；一吹气便是寒冬，一呼气便是炎夏；不喝水，不吃食物；不呼吸，一呼吸就生成风；身子有一千里长。烛阴神在无启国的东面。他有人一样的面孔，蛇一样的身子，遍体赤红色，住在钟山脚下。

一目国在其东，一目中其面而居。

【译文】

一目国在钟山的东面，那里的人只有一只眼睛，长在面孔中间。

柔利国在一目东，为人一手一足，反厀，曲足居上。一云留利之国，人足反折。

【译文】

柔利国在一目国的东面，那里的人只有一只手一只脚，膝盖反长着，足弓长在脚背上，脚尖上翘。还有一种说法认为柔利国叫作留利国，那里的人脚是反折着的。

共工之臣曰相柳氏，九首，以食于九山。相柳之所抵，厥①为泽溪。禹杀相柳，其血腥，不可以树五谷②种。禹厥之，三仞三沮③，乃以为众帝④之台。在昆仑之北，柔利之东。相柳者，九首人面，蛇身而青。不敢北射，畏共工之台。台在其东。台四方，隅有一蛇，虎色，首冲南方。

【注释】

①厥：通“掘”，挖掘。

②五谷：五种谷物，泛指庄稼。

③三：表示多数。仞：通“牣”，充满。沮：败坏，这里是陷落的意思。

④众帝：指传说中的那些上古帝王。

【译文】

天神共工有位大臣叫相柳氏，有九个头，九个头分别在九座山上觅食。凡是相柳氏所到之处，便会被挖掘成沼泽和溪流。大禹杀死了相柳氏，相柳氏血流过的地方血腥难闻，不能种植五谷。大禹只有掘除那些被相柳氏的血浸过的土用别处的土填塞，结果填几次就陷落几次，大禹便用挖掘出来的泥土为众帝修造了帝台。这些帝台在昆仑山的北面，柔利国的东面。相柳氏长着九个脑袋和人的面孔，蛇的身子，遍体青色。人们不敢朝北射箭，因为敬畏共工威灵所在的共工台。共工台在相柳的东面，呈四方形，每个角上都有一条蛇，蛇身上的斑纹与老虎斑相似，蛇头朝向南方。

深目国在其东，为人深目，举一手。一曰在共工台东。

【译文】

深目国在相柳氏的东面，那里的人眼睛陷在眼窝里，总是举起一只手。还有一种说法认为深目国在共工台的东面。

无肠之国在深目东，其为人长而无肠。

【译文】

无肠国在深目国的东面，那里的人身材高大但肚子里没有肠子。

聂①耳之国在无肠国东，使两文虎，为人两手聂其耳。县②居海水中，及③水所出入奇物。两虎在其东。

【注释】

①聂（shè）：通“摄”，握持。

②县：无所依倚。这里是孤单的意思。

③及：通“极”，极尽之意。

【译文】

聂耳国在无肠国的东面，那里的人能够驱使两只花斑大虎，习惯用手握持着自己的耳朵。聂耳国人居住在海中的孤岛上，能看到出入海水的各种怪物。有两只老虎在聂耳国的东面。

夸父[1]与日逐走，入日，渴欲得饮，饮于河渭，河渭不足，北饮大泽。未至，道渴而死。弃其杖，化为邓林[2]。

【注释】

①夸父：古代神话传说人物，相传为炎帝的后裔。

②邓林：桃林。

【译文】

夸父追赶太阳，一直追到接近太阳的地方，夸父这时感到口渴，想要喝水，于是就喝黄河和渭河中的水，这两条河的河水不足以解渴，又向北想去喝大泽中的水，还没有走到，在半路上就渴死了。夸父死时所抛掉的手杖，变成了一片桃林。

夸父国在聂耳东，其为人大，右手操青蛇，左手操黄蛇。邓林在其东，二树木。一曰博父。

【译文】

夸父国在聂耳国的东面，那里的人身材高大，右手握着青蛇，左手握着黄蛇。桃林在它的东面，森林是由两棵树冠非常大的树木形成。还有一种说法认为夸父国叫博父国。

禹所积石之山在其东，河水所入。

【译文】

禹所积石山在它的东面，是黄河流过的地方。

拘瘿[1]之国在其东，一手把瘿。一曰利瘿之国。

【注释】

①瘿（yǐng）：指生长在脖子上的一种囊状的瘤子。

【译文】

拘瘿国在它的东面，那里的人常用一只手托着脖颈上的肉瘤。还有一种说法叫作利瘿国。

寻木长千里，在拘瘿南，生河上西北。

【译文】

有种叫作寻木的树高一千里，在拘瘿国的南面，生长在黄河西北方。

跂踵[①]国在拘瘿东，其为人两足皆支。一曰反踵。

【注释】

①跂踵（qì zhǒng）：指脚后跟翘起。

【译文】

跂踵国在拘瘿国的东面，那里的人走路时两只脚不着地。还有一种说法认为跂踵国叫反踵国。

欧[①]丝之野在反踵东，一女子跪据树欧丝。

【注释】

①欧：同“呕”，吐。

【译文】

欧丝野在反踵国的东面，那里有一女子跪着倚靠在树旁吐丝。

三桑无枝，在欧丝东，其木长百仞，无枝。

【译文】

有三棵桑树，没有枝干，生长在欧丝野的东面，这种树虽高达百仞，却不生长树枝。

范林方三百里，在三桑东，洲[1]环其下。

【注释】

①洲：水中可居人或物的小块陆地。

【译文】

范林方圆三百里，在三棵桑树的东面，沙洲环绕着这片范林。

务隅之山，帝颛顼[1]葬于阳，九嫔[2]葬于阴。一曰爰有熊、罴、文虎、离朱、鸱久、视肉。

【注释】

①颛顼：黄帝之孙，昌意之子，上古部落联盟首领。

②九嫔：指颛顼的九个妃嫔。

【译文】

有座山叫务隅山，颛顼帝就埋葬在它的南面，颛顼的九位嫔妃埋葬在它的北面。还有一种说法认为这里有熊、罴、花斑虎、离朱鸟、鸱久、视肉。

平丘在三桑东，爰有遗玉[1]、青马、视肉、杨柳、甘柤、甘华，百果所生。在两山夹上谷，二大丘居中，名曰平丘。

【注释】

①遗玉：古代的一种玉石。

【译文】

平丘在三棵桑树的东面，这里有遗玉、青马、视肉、杨柳树、甘柤树、甘华树，各种果实甜美的果树在此生长。在两座山相夹的一道山谷上，有两座大丘，名叫平丘。

北海内有兽，其状如马，名曰騊駼[1]。有兽焉，其名曰驳[②]，状如白马，锯牙，食虎豹。有素兽焉，状如马，名曰蛩蛩[③]。有青兽焉，状如虎，名曰罗罗。

【注释】

①騊駼（táo tú）：传说中的野兽名，状如马，色青。

②驳（bó）：传说中的野兽名。

③蛩（qióng）蛩：传说中的怪兽。

【译文】

北海内有一种野兽，形状和马相似，名叫騊駼。还有一种野兽，名字叫驳，形状像白色的马，长着锯齿般的牙，吃老虎和豹子。又有一种白色的野兽，形状像马，名叫蛩蛩。还有一种青色的野兽，形状像老虎，名叫罗罗。

北方禺彊[①]，人面鸟身，珥[②]两青蛇，践两青蛇。

【注释】

①禺彊（qiáng）：也叫玄冥，水神名。

②珥（ěr）：耳朵上穿挂饰品。

【译文】

北方有神仙叫禺彊，长着人的面孔和鸟的身子，耳朵上穿挂着两条青蛇，脚底下踩着两条青蛇。

海外东经第九

海外自东南陬至东北陬者。

【译文】

海外从东南角到东北角的国家地区、山丘河川如下所述。

䐗丘[①]，爰有遗玉、青马、视肉、杨桃、甘柤、甘华，百果所生。在东海，两山夹丘，上有树木。一曰嗟丘。一曰百果所在，在尧葬东。

【注释】

①䐗（jiè）丘：地名。

【译文】

䐗丘，这里有遗玉、青马、视肉、杨桃树、甘柤树、甘华树，各种果实在此生长。䐗丘位于东海两山之间，上面有树木。还有一种说法认为䐗丘就是嗟丘。还有一种说法认为䐗丘是各种果树生长的地方，在帝尧所葬之地的东面。

大人国在其北，为人大，坐而削[①]船。一曰在䐗丘北。

【注释】

①削：通“梢”，指长竿，这里用作动词。

【译文】

大人国在它的北面，那里的人身材高大，坐着划船。还有一种说法认为大人国在蹉丘的北面。

奢比之尸在其北，兽身、人面、大耳，珥两青蛇。一曰肝榆之尸在大人北。

【译文】

奢比尸在它北面，那里的人都长着野兽的身子、人的面孔、大大的耳朵，耳朵穿挂着两条青蛇。还有一种说法认为肝榆尸在大人国的北面。

君子国在其北，衣冠带剑，食兽，使二文虎在旁，其人好让不争。有薰华草，朝生夕死。一曰在肝榆之尸北。

【译文】

君子国在它的北面，那里的人穿衣戴帽、腰间佩带宝剑，吃野兽，常驱使两只老虎在身旁。君子国的人为人谦让，不喜欢争斗。君子国有一种薰华草，早晨开花傍晚凋谢。还有一种说法认为君子国在肝榆尸的北面。

䖯䖯[1]在其北，各有两首。一曰在君子国北。

【注释】

①䖯（hóng）䖯：指虹霓，俗称美人虹。

【译文】

䖯䖯国在它的北面，那里的人有两个脑袋。还有一种说法认为䖯䖯国在君子国的北面。

朝阳之谷，神曰天吴，是为水伯。在䖯䖯北两水间。其为兽也，八首人面，八足八尾，背青黄。

【译文】

有个山谷叫朝阳谷，那里有神人叫作天吴，就是传说中的水伯。他住在虹虹北面的两条水流中间。天吴是野兽形状，长着八个脑袋和人的面孔，八只爪子八条尾巴，背部是青中带黄的颜色。

青丘国在其北，其人食五谷，衣丝帛。其狐四足九尾。一曰在朝阳北。

【译文】

青丘国在它的北面，那里的人吃五谷，穿丝帛。那里有一种狐狸长着四只爪子和九条尾巴。还有一种说法认为青丘国在朝阳谷的北面。

帝命竖亥①步，自东极至于西极，五亿十选②九千八百步。竖亥右手把算，左手指青丘北。一曰禹令竖亥。一曰五亿十万九千八百步。

【注释】

①竖亥：传说中步子极大、特别能走的神话人物。

②选（suàn）：万。

【译文】

天帝命令竖亥用脚步测量大地，从最东端走到最西端，是五亿十万九千八百步。竖亥右手拿着算筹，左手指着青丘国的北面。还有一种说法认为是大禹命令竖亥测量大地。还一种说法认为测量结果为五亿十万九千八百步。

黑齿国在其北，为人黑齿，食稻啖蛇，一赤一青，在其旁。一曰在竖亥北，为人黑齿，食稻使蛇，其一蛇赤。

【译文】

黑齿国在它的北面，那里的人牙齿漆黑，吃稻米也吞吃蛇，有一条红蛇和一条青蛇，围绕在他们身旁。还有一种说法认为黑齿国在竖亥的北面，那里的人牙齿漆黑，吃稻米，驱使着蛇，其中一条蛇是红色的。

下有汤谷。汤谷上有扶桑[①]，十日所浴，在黑齿北。居水中，有大木，九日居下枝，一日居上枝。

【注释】

①扶桑：树名，传说是太阳升起的地方。

【译文】

黑齿国下面有汤谷。汤谷边上有一棵扶桑树，是十个太阳洗澡的地方，在黑齿国的北面。在水的中间，有一棵高大的树木，九个太阳停在树的下枝，一个太阳停在树的上枝。

雨师妾（国）在其北，其为人黑，两手各操一蛇，左耳有青蛇，右耳有赤蛇。一曰在十日北，为人黑身人面，各操一龟。

【译文】

雨师妾国在它的北面，那里的人遍体漆黑，两只手各握着一条蛇，左耳上挂着一条青蛇，右耳上挂着一条红蛇。还有一种说法认为雨师妾国在十个太阳的北面，那里的人遍体漆黑、有人的面孔，两只手各握着一只乌龟。

玄股之国在其北，其为人股黑，衣鱼食鴎[①]，两鸟夹之。一曰在雨师妾（国）北。

【注释】

①䴗：也作“鸥”，即鸥鸟，在海边活动的叫海鸥，在江边活动的叫江鸥。

【译文】

玄股国在它的北面，那里的人大腿是黑色的，穿鱼皮制成的衣服，吃鸥鸟，使唤着身边的两只鸟。还有一种说法认为玄股国在雨师妾国的北面。

毛民之国在其北，为人身生毛。一曰在玄股北。

【译文】

毛民国在它的北面，那里的人全身长满毛发。还有一种说法认为毛民国在玄股国的北面。

劳民国在其北，其为人黑，食草果实。有一鸟两头。或曰教民。一曰在毛民北，为人面目手足尽黑。

【译文】

劳民国在它的北面，那里的人遍体漆黑，吃草和野果。那里有一种鸟有两个头。有的人称劳民国为教民国。还有一种说法认为劳民国在毛民国的北面，那里的人面孔、眼睛、手脚全是黑色的。

东方句芒[①]，鸟身人面，乘两龙。

【注释】

①句（gōu）芒：传说中的木神。

【译文】

东方的句芒神，长着鸟的身子、人的面孔，常常乘着两条龙飞行。

建平元年[①]四月丙戌，待诏太常属臣望校治，侍中光禄勋臣龚、侍中奉车都尉光禄大夫臣秀领主省。

【注释】

①建平元年：公元前6年。建平，西汉时期汉哀帝刘欣的年号。

【译文】

建平元年四月丙戌日，待诏太常属臣（丁）望校治，侍中光禄勋臣（王）龚、侍中奉车都尉光禄大夫臣（刘）秀领主省。

海内南经第十

海内东南陬以西者。

【译文】

海内由东南角向西的国家地区、山丘河川如下所述。

瓯[1]居海中。闽[2]在海中，其西北有山。一曰闽中山在海中。

【注释】

①瓯：古代地名，故地在今浙江温州。

②闽：古代地名，故地在今福建福州。

【译文】

瓯在海中。闽也在海中，它的西北面有座山。还有一种说法认为闽地的山在海中。

三天子鄣山在闽西海北。一曰在海中。

【译文】

三天子鄣山在闽的西北方。还有一种说法认为三天子鄣山在海中。

桂林八树在番隅[1]东。

【注释】

①番（pān）隅：古地名。

【译文】

桂林由八棵很大的桂树组成，在番隅的东面。

伯虑国、离耳国、雕题国、北朐国皆在郁水南。郁水出湘陵南海。一曰相虑。

【译文】

伯虑国、离耳国、雕题国、北朐国都在郁水的南面。郁水发源于湘陵南山。还有一种说法认为伯虑国叫作相虑国。

枭阳国在北朐之西，其为人人面长唇，黑身有毛，反踵，见人则笑，左手操管。

【译文】

枭阳国在北朐国的西面，那里的人长着人的面孔和长长的嘴唇，遍体漆黑并且长有长毛，脚跟在前而脚尖在后，一看见人就笑，左手握着一根竹筒。

兕在舜葬东，湘水南，其状如牛，苍黑，一角。

【译文】

兕生活在帝舜墓地的东面，在湘水的南面。兕的形状像牛，全身青黑色，头上长着一只角。

苍梧之山，帝舜葬于阳，帝丹朱葬于阴。

【译文】

有座山叫苍梧山，帝舜葬在这座山的南面，帝丹朱葬在这座山的北面。

汜林方三百里，在狌狌东。

【译文】

汜林方圆三百里，在猩猩聚居地的东面。

狌狌知人名，其为兽如豕而人面，在舜葬西。

【译文】

猩猩能知道人的姓名，它的形状像猪，却长着人的面孔，生活在帝舜墓地的西面。

狌狌西北有犀牛，其状如牛而黑。

【译文】

猩猩的西北面有犀牛，它的形状像牛，遍体漆黑。

夏后启之臣曰孟涂，是司神于巴，巴人讼于孟涂之所，其衣有血者乃执之，是请生。居山上，在丹山西。

【译文】

夏朝国王启有个臣子叫孟涂，是主管巴地的神，巴地的人到孟涂那里去告状，而告状人中有谁的衣服沾上血迹，就会被孟涂拘禁起来，这是他爱护生命的表现。孟涂住在山上，在丹山的西面。

窫窳[①]居弱水中，在狌狌之西，其状如貙[②]，龙首，食人。

【注释】

①窫窳（yà yǔ）：古代传说中的一种吃人怪兽。

②貙（chū）：怪兽名。

【译文】

窫窳住在弱水中，在猩猩的西面，它的形状像貙，长着龙头，能吃人。

有木，其状如牛，引之有皮，若缨、黄蛇。其叶如罗[1]，其实如栾，其木若蓲[2]，其名曰建木。在窫窳西弱水上。

【注释】

①罗：指罗网。

②蓲（ōu）：树名，刺榆。

【译文】

有一种树木，形状像牛，一拉就会剥落下树皮，树皮像冠帽上的缨带、黄色的蛇皮。它的叶子像罗网，果实像栾树结的果实，树干像刺榆，名字叫建木。这种建木生长在窫窳所在地之西的弱水边上。

氐人国在建木西，其为人人面而鱼身，无足。

【译文】

氐人国在建木所在地的西面，那里的人都长着人的面孔和鱼的身子，没有脚。

巴蛇食象，三岁而出其骨，君子服之，无心腹之疾。其为蛇青黄赤黑。一曰黑蛇青首，在犀牛西。

【译文】

巴蛇能吞下大象，三年后才会吐出大象的骨头，君子吃了巴蛇的肉，就不会患心痛或肚子痛之类的病。这种蛇的颜色是青色、黄色、红色、黑色混杂在一起。还有一种说法认为巴蛇是黑色的身体，青色的脑袋，在犀牛所在地的西面。

旄马[1]，其状如马，四节有毛。在巴蛇西北，高山南。

【注释】

①旄（máo）马：传说中的兽名。

【译文】

旄马的形状像马，四条腿的关节上都有长毛。旄马在巴蛇所在地的西北面，一座高山的南面。

海内西经第十一

海内西南陬以北者。

【译文】

海内由西南角向北的国家地区、山丘河川如下所述。

后稷①之葬，山水环之。在氐国西。

【注释】

①后稷（jì）：周朝王族的始祖。

【译文】

后稷的墓地，有青山绿水环绕。就在氐人国的西面。

流黄酆氏之国①，中②方三百里，有涂③四方，中有山。在后稷葬西。

【注释】

①流黄酆（fēng）氏之国：古国名。

②中：域中，即国内土地的意思。

③涂：通“途”，道路。

【译文】

流黄酆氏国，疆域方圆三百里，道路四通八达，那里有一座大山。流黄酆氏国在后稷墓地的西面。

流沙出钟山，西行又南行昆仑之虚，西南入海，黑水之山。

【译文】

流沙发源于钟山，然后向西流出再朝南流过昆仑山，继续往西南流入大海，一直到黑水山。

国在流沙中者埻端、玺㬇[①]，在昆仑虚东南。一曰海内之郡，不为郡县，在流沙中。

【注释】

①玺㬇（huàn）：古国名。

【译文】

在流沙中的国家有埻端国、玺㬇国，它们在昆仑山的东南面，还有一种说法认为它们是海内建置的郡，而不把它们称为郡县，是因为它们位于流沙之中。

国在流沙外者，大夏、竖沙、居繇[①]、月支之国。

【注释】

①居繇（yáo）：古国名。

【译文】

国家在流沙外面的，有大夏国、竖沙国、居繇国、月支国。

西胡白玉山在大夏东，苍梧在白玉山西南，皆在流沙西，昆仑虚东南。昆仑山在西胡西。皆在西北。

【译文】

西胡的白玉山国在大夏国的东面，苍梧国在白玉山国的西南面，它们全在流沙的西面，昆仑山的东南面。昆仑山在西胡的西面。总的位置都在西北方。

海内昆仑之虚，在西北，帝之下都。昆仑之虚，方八百里，高万仞。上有木禾[①]，长五寻[②]，大五围[③]。面有九井，以玉为槛[④]。面有九门，门有开明兽守之，百神之所在。在八隅之岩，赤水之际，非仁羿莫能上冈之岩。

【注释】

①木禾：谷类。

②寻：古代长度单位，八尺为一寻。

③围：计量圆周的单位，指两手合抱起来的长度。

④槛（jiàn）：栏杆。

【译文】

海内的昆仑山在西北方，是天帝在下界的都城。昆仑山方圆八百里，高一万仞。山顶有一棵稻谷，高达五寻，需要五个人方能合抱。昆仑山的每一面都有九眼井，每眼井四周都有用玉石制成的栏杆。昆仑山的每一面都有九道门，每道门都有开明兽守卫，这是众多天神聚集的地方。位置在八方山岩之间，赤水的岸边，不具备像仁德的后羿那样本领的人就不能攀上那些山冈岩石。

赤水出东南隅，以行其东北，西南流注南海厌火东。

【译文】

赤水发源于昆仑山的东南角，然后流到昆仑山的东北方，又折向西南流注到南海厌火国的东边。

河水出东北隅，以行其北，西南又入渤海，又出海外，即西而北，入禹所导积石山。

【译文】

黄河水发源于昆仑山的东北角，然后流到昆仑山的北面，再折向西南流入渤海，接着流出海外，向西后再往北流，一直流入大禹疏导过的积石山。

洋水[①]、黑水出西北隅，以东，东行，又东北，南入海，羽民南。

【注释】

①洋（xiáng）水：古水名。

【译文】

洋水、黑水发源于昆仑山的西北角，然后折向东方，朝东流去，接着折向东北，又朝南流入大海，一直流到羽民国的南面。

弱水、青水出西南隅，以东，又北，又西南，过毕方鸟东。

【译文】

弱水、青水发源于昆仑山的西南角，然后折向东方，朝北流去，接着折向西南，最后流经毕方鸟所在地的东面。

昆仑南渊深三百仞。开明兽身大类虎而九首，皆人面，东向立昆仑上。

【译文】

昆仑山的南面有一个深约三百仞的大渊。开明兽的身形和老虎差不多，但长着九个脑袋，每个都有像人一样的面孔，脸朝东面站在昆仑山顶。

开明西有凤皇、鸾鸟，皆戴蛇践蛇，膺[①]有赤蛇。

【注释】

①膺（yīng）：胸口。

【译文】

开明兽的西面有凤凰、鸾鸟，它们都是头上顶着蛇，脚下踩着蛇，胸前还挂着红色的蛇。

开明北有视肉、珠树、文玉树、玗琪树、不死树。凤皇、鸾鸟皆戴瞂[①]。又有离朱、木禾、柏树、甘水、圣木曼兑[②]，一曰挺木牙交。

【注释】

①瞂（fá）：盾。

②圣木曼兑：一种叫作曼兑的圣树，服食了它可使人圣明智慧。

【译文】

开明兽的北面有视肉、珠树、文玉树、玗琪树、不死树。那里的凤凰、鸾鸟都戴着像盾牌一样的东西，还有离朱、木禾、柏树、甘水、圣木曼兑。还有一种说法认为圣木曼兑叫作挺木牙交。

开明东有巫彭、巫抵、巫阳、巫履、巫凡、巫相，夹窫窳之尸，皆操不死之药以距[①]之。窫窳者，蛇身人面，贰负臣所杀也。

【注释】

①距：通“拒”，抗拒。

【译文】

开明兽的东面有巫彭、巫抵、巫阳、巫履、巫凡、巫相，这些巫师围在窫窳尸体的周围，拿着长生不老药抵抗死神，想把他救活。窫窳长着蛇的身子，人的面孔，是被贰负和他的臣子合伙杀死的。

服常树，其上有三头人，伺琅玕[①]树。

【注释】

①琅玕（láng gān）：传说中的仙树，果实似珠。

【译文】

有一种树叫服常树，树上有长着三个脑袋的人，静静伺候着附近的琅玕树。

开明南有树鸟，六首；蛟、蝮、蛇、蜼、豹、鸟秩树，于表池树木；诵鸟、鶽[①]、视肉。

【注释】

①鶽（sǔn）：雕鹰。

【译文】

开明兽的南面有树鸟，长着六个脑袋；还有蛟龙、蝮蛇、长尾猿、豹子、鸟秩树，树木都生长在瑶池周围；还有诵鸟、鶽、视肉。

蛇巫之山，上有人操柸[①]而东乡立。一曰龟山。

【注释】

①柸（bēi）：古同“杯”，盛酒、茶等的器皿。

【译文】

有座山叫蛇巫山，上面有人捧着器皿向东站立。还有一种说法认为蛇巫山叫作龟山。

西王母梯[①]几而戴胜。其南有三青鸟[②]，为西王母取食。在昆仑虚北。

【注释】

①梯：凭，依着。

②青鸟：神话传说中多力善飞的猛禽。

【译文】

西王母头戴玉胜靠倚着小桌案，在西王母的南面有三只勇猛善飞的青鸟，正在为西王母觅取食物。西王母和三青鸟的所在地位于昆仑山的北面。

海内北经第十二

海内西北陬以东者。

【译文】

海内由西北角向东的国家地区、山丘河川如下所述。

匈奴、开题之国、列人之国并在西北。

【译文】

匈奴、开题国、列人国都在它的西北面。

贰负[①]之臣曰危，危与贰负杀窫窳，帝乃梏[②]之疏属之山，桎[③]其右足，反缚两手，系之山上木。在开题西北。

【注释】

①贰负：古代跑得最快的神人，人面蛇身，喜杀戮。

②梏（gù）：古代木制的手铐。这里是拘禁的意思。

③桎（zhì）：古代拘系罪人两脚的刑具。

【译文】

贰负的臣子叫危，危与贰负一起杀了窫窳，天帝就将贰负拘禁在疏属山，给他的右脚戴上刑具，反绑他的双手，拴在一座山上的树下。拘禁的地方在开题国的西北。

有人曰大行伯，把戈。其东有犬封国。贰负之尸在大行伯东。

【译文】

有人名叫大行伯，手握着长戈。他的东面有犬封国。贰负的尸体也在大行伯的东面。

犬封国曰犬戎国，状如犬。有一女子，方跪进杯食。有文马，缟身朱鬣，目若黄金，名曰吉量，乘之寿千岁。

【译文】

犬封国也叫犬戎国，那里的人身形像狗。有个女子，正跪在地上捧着一杯酒食向人进献。那里有一种文马，长着白色身子，红色鬃毛，眼睛像黄金一样，名字叫吉量，骑上它能使人长寿千岁。

鬼国在贰负之尸北，为物人面而一目。一曰贰负神在其东，为物人面蛇身。

【译文】

鬼国在贰负尸体的北面，那里的人长着人的面孔，但只有一只眼睛。还有一种说法认为贰负神在鬼国的东面，他长着人的面孔，蛇的身子。

蜪犬①如犬，青，食人从首始。

【注释】

①蜪（táo）犬：古兽名。

【译文】

蜪犬的形状像狗，遍体青色，吃人是从人的头部开始吃。

穷奇状如虎，有翼，食人从首始，所食被发。在蜪犬北。一曰从足。

【译文】

穷奇的形状像老虎，却生有翅膀，吃人是从人的头部开始吃，正被吃的人是披散着头发的。穷奇在蜪犬的北面。还有一种说法认为穷奇吃人是从人的脚开始吃起。

帝尧台、帝喾台、帝丹朱台、帝舜台，各二台，台四方，在昆仑东北。

【译文】

帝尧台、帝喾台、帝丹朱台、帝舜台，各自有两座，都呈四方形，在昆仑山的东北面。

大蜂，其状如螽①；朱蛾②，其状如蛾。

【注释】

①螽（zhōng）：螽斯，一种昆虫，身体绿色或褐色，样子像蚂蚱。

②蛾（yǐ）：古人说是蚍蜉，就是现在所说的蚂蚁。

【译文】

有一种大蜂，形状像螽；有一种红蚂蚁，形状像蚍蜉。

蟜①，其为人虎文，胫有䏿②。在穷奇东。一曰状如人。昆仑虚北所有。

【注释】

①蟜（qiáo）：传说中的文身野人。

②䏿（qǐ）：健劲的筋肉。

【译文】

蟜有人的身体，但有老虎一样的斑纹，小腿肚子上的筋肉非常强健。在穷奇的东面。还有一种说法认为蟜的身形像人，是昆仑山北面所拥有的。

阘非[1]，人面而兽身，青色。

【注释】

①阘（tà）非：传说中的怪物。

【译文】

阘非，长着人的面孔，野兽的身体，遍体青色。

据比之尸，其为人折颈被发，无一手。

【译文】

据比尸，颈脖被折断，披头散发，丢了一只手。

环狗，其为人兽首人身。一曰蝟状如狗，黄色。

【译文】

环狗，脑袋像野兽，身子像人。还有一种说法认为是猬的形状像狗，遍体黄色。

袜[1]，其为物人身、黑首、从[2]目。

【注释】

①袜（mèi）：即魅，古人认为物老则成魅。就是现在所说的鬼魅、精怪。

②从：通“纵”。

【译文】

袜长着人的身子，黑色的脑袋，竖立的眼睛。

戎，其为人人首三角。

【译文】

戎长着人的头，但头上有三只角。

林氏国有珍兽，大若虎，五采毕具，尾长于身，名曰驺吾[①]，乘之日行千里。

【注释】

①驺（zōu）吾：传说中的一种仁兽，不食生物。

【译文】

林氏国有一种珍奇的野兽，大小与老虎差不多，身上有五种颜色的斑纹，尾巴比身体长，名字作驺吾，骑上它可以日行千里。

昆仑虚南所，有氾林方三百里。

【译文】

昆仑山南面的地方，有一片方圆三百里的氾林。

从极之渊，深三百仞，维冰夷恒都焉。冰夷人面，乘两龙。一曰忠极之渊。

【译文】

从极渊深达三百仞，只有冰夷神常常住在这里。冰夷神长着人的面孔，乘驾着两条龙。还有一种说法认为从极渊叫作忠极渊。

阳汙之山，河出其中；凌门之山，河出其中。

【译文】

有座山叫阳汙山，河水从这里发源；有座山叫凌门山，河水也从这里发源。

王子夜之尸，两手、两股、胸、首、齿，皆断异处。

【译文】

王子夜的尸体，两只手、两条腿、胸脯、脑袋、牙齿，都被斩断在不同的地方。

大泽方百里，群鸟所生及所解。在雁门北。

【译文】

有大沼泽方圆百里，是各种禽鸟生卵孵化幼鸟和脱换羽毛的地方。在雁门山的北面。

雁门山，雁出其间。在高柳北。

【译文】

雁门山是大雁迁徙时出入的地方。在高柳山的北面。

高柳在代北。

【译文】

高柳山在代地的北面。

舜妻登比氏生宵明、烛光，处河大泽，二女之灵能照此所方百里。一曰登北氏。

【译文】

舜的妻子登比氏生育了宵明、烛光，她们都住在黄河边的大沼泽里，两位神女的神灵能够普照方圆百里的地方。还有一种说法认为舜的妻子叫登北氏。

东胡在大泽东。

【译文】

东胡国在大沼泽的东面。

夷人在东胡东。

【译文】

夷人国在东胡国的东面。

貊国[①]在汉水东北。地近于燕，灭之。

【注释】

①貊（mò）国：东北亚地区的一个古国。

【译文】

貊国在汉水的东北面，地理位置接近燕国，被燕国所灭。

孟鸟在貊国东北。其鸟文赤、黄、青，东乡[①]。

【注释】

①乡（xiàng）：通“向”。

【译文】

孟鸟生长在貊国的东北面。这种鸟的羽毛是红色、黄色、青色混杂在一起，都面朝东而站立。

海内东经第十三

海内东北陬以南者。

【译文】

海内由东北角向南的国家地区、山丘河川如下所述。

钜燕在东北陬。

【译文】

大燕国在海内的东北角。

盖国在钜燕南，倭北。倭属燕。

【译文】

盖国在大燕国的南面，倭国的北面。倭国隶属于燕国。

朝鲜在列阳东，海北山南。列阳属燕。

【译文】

朝鲜在列阳的东面，北面有大海，南面有高山。列阳隶属于燕国。

列姑射①在海河州中。

【注释】

①列姑射（yè）：古国名。

【译文】

列姑射在大海的河州上。

姑射国在海中，属列姑射；西南，山环之。

【译文】

姑射国在大海中，隶属于列姑射；姑射国的西南面，高山环绕着它。

大蟹①在海中。

【注释】

①大蟹：古代相传一种方圆千里大小的蟹。

【译文】

大蟹生活在海中。

陵鱼人面，手足，鱼身，在海中。

【译文】

陵鱼长着人的面孔和手脚，却是鱼的身体，生活在海中。

大鯾①居海中。

【注释】

①鯾（biān）：同“鳊”，鳊鱼。

【译文】

大鯾鱼生活在海中。

明组邑①居海中。

【注释】

①邑：邑落，指人所聚居的部落、村落。

【译文】

明组邑生活在海岛上。

蓬莱山在海中。

【译文】

蓬莱山矗立在大海中。

大人之市在海中。

【译文】

大人进行贸易的集市在大海中。

琅邪台[①]在渤海间，琅邪之东。其北有山。一曰在海间。

【注释】

①琅邪（láng yá）台：越王勾践观台，在琅邪古城南十里。

【译文】

琅邪台在渤海的中间，琅邪山的东面。琅邪台的北面有山。还有一种说法认为是在大海中间。

都州在海中。一曰郁州。

【译文】

都州在大海中。还有一种说法认为都州叫郁州。

韩雁在海中，都州南。

【译文】

韩雁在大海中，位于都州的南面。

始鸠在海中，韩雁南。

【译文】

始鸠在大海中，位于韩雁的南面。

雷泽中有雷神，龙身而人头，鼓[1]其腹。在吴西。

【注释】

①鼓：这里用作动词，鼓起。

【译文】

雷泽中住着雷神，长着龙的身子，人的脑袋，他鼓起他的腹部就打雷。雷泽在吴地的西面。

会稽山在大楚南。

【译文】

会稽山在大楚的南面。

大荒东经第十四

东海之外大壑[①]，少昊之国。少昊孺[②]帝颛顼于此，弃其琴瑟[③]。有甘山者，甘水出焉，生甘渊。

【注释】

①壑（hè）：坑谷，深沟。

②孺：通“乳”，用乳奶喂养。这里是抚育、养育的意思。

③琴瑟：古时两种拨弦乐器。

【译文】

东海以外有一道非常大的沟壑，是少昊建国的地方。少昊就在这里抚养颛顼帝成长，颛顼幼年玩耍过的琴瑟还丢在沟壑里。有一座山叫甘山，甘水从这里发源，最终汇集在一起生成甘渊。

东南海之外，甘水之间，有羲和之国。有女子名曰羲和，方浴日于甘渊。羲和者，帝俊之妻，是生十日。

【译文】

东南海以外，甘水的中间，有一个国家叫羲和国。那里有女子叫羲和，正在甘渊中给太阳洗澡。羲和是帝俊的妻子，生了十个太阳。

大荒东南隅有山，名皮母地丘。

【译文】

大荒的东南角有一座山，叫皮母地丘山。

东海之外，大荒之中，有山名曰大言，日月所出。

【译文】

东海以外，大荒之间，有座山叫大言山，太阳和月亮从这里升起。

有波谷山者，有大人之国。有大人之市，名曰大人之堂。有一大人踆[①]其上，张其两臂。

【注释】

①踆：通“蹲”。

【译文】

有座山叫波谷山，那里有个大人国。有大人做贸易的集市，不在一座叫作大人堂的山上。有一个大人正蹲在上面，张开他的两只手臂。

有小人国，名靖人。

【译文】

有个小人国，那里的人被叫作靖人。

有神，人面兽身，名曰犂䰠之尸。

【译文】

有一个神人，长着人的面孔，野兽的身子，叫作犁䰠尸。

有潏山[①]，杨水出焉。

【注释】

①潏（jué）山：古山名。

【译文】

有座山叫潏山，杨水从这里发源。

有蒍国[①]，黍[②]食，使四鸟[③]：虎、豹、熊、罴。

【注释】

①蒍（wěi）国：古国名，舜之居地。

②黍：一种黏性谷米，北方称为黄米，可供食用和酿酒。

③鸟：古时鸟兽通名，以下同。

【译文】

有个国家叫蒍国，那里的人把黄米当作食物，能够驱使四种野兽：虎、豹、熊、罴。

大荒之中，有山名曰合虚，日月所出。

【译文】

大荒当中，有座山叫合虚山，太阳和月亮从这里升起。

有中容之国。帝俊生中容，中容人食兽、木实，使四鸟：豹、虎、熊、罴。

【译文】

有个国家叫中容国。中容是帝俊的后裔。中容国的人吃野兽的肉、树上的果实，能够驱使四种野兽：豹、虎、熊、罴。

有东口之山。有君子之国，其人衣冠带剑。

【译文】

有座山叫东口山，那里有一个君子国，这个国家的人穿衣戴帽，腰间佩带宝剑。

有司幽之国。帝俊生晏龙，晏龙生司幽，司幽生思士，不妻；思女，不夫。食黍，食兽，是使四鸟。

【译文】

有个国家叫司幽国。晏龙是帝俊的后裔，司幽是晏龙的后裔，思士是司幽的后裔，思士没有娶妻；思女也是司幽的后裔，思女没有嫁夫。司幽国的人以黄米为主食，也吃野兽肉，能驯化驱使四种野兽。

有大阿之山者。

【译文】

有座山叫作大阿山。

大荒之中，有山名曰明星，日月所出。

【译文】

在大荒当中，有一座山叫明星山，太阳和月亮从这里升起。

有白民之国。帝俊生帝鸿，帝鸿生白民，白民销姓，黍食，使四鸟：虎、豹、熊、罴。

【译文】

有个国家叫白民国。帝鸿是帝俊的后裔，白民是帝鸿的后裔，白民国的人姓销，以黄米作为食物，能够驱使四种野兽：虎、豹、熊、罴。

有青丘之国。有狐，九尾。

【译文】

有个国家叫青丘国。那里有一种狐狸，长着九条尾巴。

有柔仆民，是维嬴土[1]之国。

【注释】

①嬴土：肥沃的土地。

【译文】

有一群被称作柔仆民的人，他们所在的国家是土地肥沃的国家。

有黑齿之国。帝俊生黑齿，姜姓，黍食，使四鸟。

【译文】

有个国家叫黑齿国。黑齿是帝俊的后裔，那里的人姓姜，以黄米为食，能驱使四种野兽。

有夏州之国。有盖余之国。

【译文】

有个国家叫夏州国。在它附近还有一个国家叫盖余国。

有神人，八首人面，虎身十尾，名曰天吴。

【译文】

有个神人，长着八颗头，每颗头都是人的面孔，他有老虎的身子，十条尾巴，名字叫天吴。

大荒之中，有山名曰鞠陵于天、东极、离瞀[1]，日月所出。有神名曰折丹——东方曰折，来风曰俊——处东极以出入风。

【注释】

①离瞀（mào）：古山名。

【译文】

在大荒当中，有三座山分别叫鞠陵于天山、东极山、离瞀山，都是太阳和月亮升起的地方。有个神人名叫折丹，东方人称他为折，从东方吹来的风称作俊，他就处在大地的最东边，主管风起风停。

东海之渚[①]中，有神，人面鸟身，珥两黄蛇，践两黄蛇，名曰禺虢[②]。黄帝生禺虢，禺虢生禺京。禺京处北海，禺虢处东海，是为海神。

【注释】

①渚（zhǔ）：水中的小洲。这里指海岛。

②禺虢（hào）：上古时代神话中的神仙。

【译文】

东海的海岛上，有一个神人，长着人的面孔，鸟的身子，耳朵上穿挂着两条黄蛇，脚下踩踏着两条黄蛇，名字叫作禺虢。禺虢是黄帝的后裔，禺京是禺虢的后裔。禺京居住在北海，禺虢居住在东海，他们都是海神。

有招摇山，融水出焉。有国曰玄股，黍食，使四鸟。

【译文】

有座山叫招摇山，融水从这里发源。有个国家叫玄股国，那里的人以黄米为食，能驱使四种野兽。

有因民国，勾姓，黍食。有人曰王亥，两手操鸟，方食其头。王亥托于有易、河伯仆牛，有易杀王亥[①]，取仆牛。河伯念有易，有易潜出，为国于兽，方食之，名曰摇民。帝舜生戏，戏生摇民。

【注释】

①有易杀王亥：据古史传说，王亥对有易族人奸淫暴虐，有易族人因愤恨而杀了他。

【译文】

有个国家叫因民国，那里的人姓勾，以黄米为食。有个人叫王亥，他用两只手各抓着一只鸟，正在吃鸟头。王亥把一群肥牛寄养在有易族人和河伯那里。有易族人将王亥杀死，抢走了他的肥牛。王亥的族人来报仇，河伯怜悯有易族人，便帮助他们偷偷地逃出来，在有野兽的地方重新建立国家，他们正在吃野兽的肉，这个国家叫摇民国。还有一种说法认为戏是帝舜的后裔，摇民是戏的后裔。

海内有两人，名曰女丑。女丑有大蟹。

【译文】

大海中有两个神人，其中一个名叫女丑。女丑旁边有一只大蟹。

大荒之中，有山名曰孽摇頵羝①。上有扶木②，柱三百里，其叶如芥。有谷曰温源谷。汤谷③上有扶木，一日方至，一日方出，皆载于乌④。

【注释】

①孽摇頵羝（jūn dī）：古山名。

②扶木：扶桑树，太阳由此升起。

③汤（yáng）谷：即“旸谷”，神话传说中太阳升起之处。

④乌：就是前文所说的踆乌、离朱鸟、三足乌，异名同物，除了长

三只爪子，其他形状像乌鸦，栖息在太阳里。

【译文】

在大荒当中，有座山叫孽摇頵羝山。山上有棵扶桑树，高达三百里，叶子的形状像芥菜。有道山谷叫作温源谷。汤谷上也长了棵扶桑树，一个太阳刚刚下山，另一个太阳就从这里升起，它们都由三足乌驮着。

有神，人面、犬耳、兽身，珥两青蛇，名曰奢比尸。

【译文】

有一个神人，长着人的面孔、狗的耳朵、野兽的身子，耳朵上穿挂着两条青蛇，名字叫奢比尸。

有五采之鸟，相乡[①]弃沙[②]。惟帝俊下友。帝下两坛，采鸟是司。

【注释】

①相乡：即“相向”，成双成对之意。

②弃沙：意同“婆娑”，盘旋，翩翩起舞之状。

【译文】

有一群长着五彩羽毛的鸟，它们相对而舞，帝俊从天上下来和它们交朋友。帝俊在下界的两座祭坛，由这群五彩鸟掌管着。

大荒之中，有山名曰猗天苏门，日月所生。有壎民之国。

【译文】

在大荒当中，有座山名叫猗天苏门山，太阳和月亮从这里升起。有个国家叫壎民国。

有綦山[①]。又有摇山。有䰝山[②]。又有门户山。又有盛山。又有待山。有五采之鸟。

【注释】

①綦（jì）山：古山名。

②䰝（zèng）山：古山名。

【译文】

有座山叫綦山。又有座山叫摇山。有座山叫䰝山。又有座山叫门户山。又有座山叫盛山。又有座山叫待山。还有一群长着五彩羽毛的鸟。

东荒之中，有山名曰壑明俊疾，日月所出。有中容之国。

【译文】

在东荒当中，有座山叫壑明俊疾山，太阳和月亮从这里升起。有个国家叫中容国。

东北海外，又有三青马、三骓[①]、甘华。爰有遗玉、三青鸟、三骓、视肉、甘华、甘柤。百谷[②]所在。

【注释】

①骓（zhuī）：毛色青白间杂的马。

②百谷：泛指各种农作物。

【译文】

东北海外，又有三青马、三骓马、甘华树。这里还有遗玉、三青鸟、三骓马、视肉、甘华树、甘柤树。这里是各种农作物生长的地方。

有女和月母之国。有人名曰䳇[①]——北方曰䳇，来风曰狻[②]——是处东北隅以止日月，使无相间出没，司其短长。

【注释】

①鹓（yuān）：古鸟名。

②琰（yǎn）：古风名。

【译文】

有个国家叫女和月母国。有一个神叫作鹓——北方人称作鹓，从那里吹来的风称作琰——他就处在大地的东北角掌管太阳和月亮的运行，使它们不会杂乱无序地升落，掌控它们在天上出没时间的长短。

大荒东北隅中，有山名曰凶犁土丘。应龙[①]处南极，杀蚩尤[②]与夸父，不得复上。故下数[③]旱。旱而为应龙之状，乃得大雨。

【注释】

①应龙：传说中一种生有翅膀的龙。

②蚩尤：神话传说中的部落首领。

③数（shuò）：屡次，频繁。

【译文】

在大荒的东北角上，有座山叫凶犁土丘山。应龙就住在这座山的最南端，它因为杀了蚩尤和夸父，不能再回到天上，因此天下频繁大旱。遇到大旱人们就装扮成应龙的样子，向上天求雨，这样就能得到大雨。

东海中有流波山，入海七千里。其上有兽，状如牛，苍身而无角，一足，出入水则必风雨，其光如日月，其声如雷，其名曰夔[①]。黄帝得之，以其皮为鼓，橛[②]以雷兽之骨，声闻五百里，以威天下。

【注释】

①夔（kuí）：传说中的一条腿的怪物。

②橛：敲，击打。

【译文】

东海中有座山叫流波山，这座山在深入东海七千里的地方。山上有一种野兽，形状像牛，遍体青色并且没有犄角，只有一条腿，出入海水时一定会刮风下雨，它发出的光芒如同太阳和月亮的光芒，它吼叫的声音如同惊雷，它的名字叫夔。黄帝得到它，用它的皮制成鼓，再用雷兽的骨头敲打这面鼓，响声能够传到五百里以外，以此来威慑天下。

大荒南经第十五

南海之外，赤水之西，流沙之东，有兽，左右有首，名曰跊踢[①]。有三青兽相并，名曰双双。

【注释】

①跊（chù）踢：古兽名。

【译文】

在南海以外，赤水的西面，流沙的东面，有一种野兽，两边各有一个头，名字叫跊踢。还有三只青色的野兽交合并在一起，名字叫双双。

有阿山者。南海之中，有氾天之山，赤水穷焉。

【译文】

有座山叫阿山。南海之中，有座山叫氾天山，赤水最终流到这里。

赤水之东，有苍梧之野，舜与叔均之所葬也。爰有文贝、离俞[①]、鸱久、鹰、贾、委维、熊、罴、象、虎、豹、狼、视肉。

【注释】

①离俞：离朱。

【译文】

在赤水的东面，有个地方叫苍梧野，舜与叔均都葬在这里。这里有花斑贝、离朱鸟、鹞鹰、老鹰、乌鸦、两头蛇、熊、罴、大象、虎、豹、狼、视肉。

有荣山，荣水出焉。黑水之南，有玄蛇，食麈[①]。

【注释】

①麈（zhǔ）：古书上指鹿一类的动物，其尾可做拂尘。

【译文】

有座山叫荣山，荣水从这里发源。在黑水的南面，有一条黑蛇，吞食麈。

有巫山者，西有黄鸟。帝药，八斋[①]。黄鸟于巫山，司此玄蛇。

【注释】

①八斋：八个处所。

【译文】

有座山叫巫山，在它的西面有黄鸟。天帝的仙药，就藏在巫山的八个处所中。黄鸟在巫山上，观察着黑水南边的那条黑蛇。

大荒之中，有不庭之山，荣水穷焉。有人三身。帝俊妻娥皇，生此三身之国，姚姓，黍食，使四鸟。有渊四方，四隅皆达，北属[①]黑水，南属大荒，北旁名曰少和之渊，南旁名曰从渊，舜之所浴也。

【注释】

①属：连通，连接。

【译文】

在大荒当中，有座山叫不庭山，荣水最终流到这里。这里的人长着三个身子。帝俊的妻子叫娥皇，三身国的人就是他们的后裔。三身国的人姓姚，以黄米为食，能驱使四种野兽。这里有个深渊呈四方形，四个角与其他水系连通，北边与黑水相连，南边和大荒相通。北侧的深渊称作少和渊，南侧的深渊称作从渊，是舜洗澡的地方。

又有成山，甘水穷焉。有季禺之国，颛顼之子，食黍。有羽民之国，其民皆生毛羽。有卵民之国，其民皆生卵。

【译文】

又有座山叫成山，甘水最终流到这里。有个国家叫季禺国，国民是颛顼的后裔，以黄米为食。还有个国家叫羽民国，这里的人都身长羽毛。又有个国家叫卵民国，这里的人都产卵，然后人从卵中孵化而出。

大荒之中，有不姜之山，黑水穷焉。又有贾山，汔水出焉。又有言山。又有登备之山，有恝恝之山[①]。又有蒲山，澧水[②]出焉。又有隗山[③]，其西有丹，其东有玉。又南有山，漂水出焉。有尾山。有翠山。

【注释】

①恝（qì）恝之山：古山名。

②澧（lǐ）水：古水名。

③隗（wěi）山：古山名。

【译文】

大荒之中，有座山叫不姜山，黑水最终流到这里。又有座山叫贾山，汔水从这里发源。又有座山叫言山。又有座山叫登备山。有座山叫恝恝山。又有座山叫蒲山，澧水从这里发源。又有座山叫隗山，它的西面蕴藏有丹雘，东面蕴藏有玉石。南面还有座山，漂水从这里发源。有座山叫尾山。有座山叫翠山。

有盈民之国，於姓，黍食。又有人方食木叶。

【译文】

有个国家叫盈民国，那里的人都姓於，以黄米作为食物。另外有人正在吃树叶。

有不死之国，阿姓，甘木[①]是食。

【注释】

①甘木：传说中的不死树，人吃了它后能长生不老。

【译文】

有个国家叫不死国，那里的人都姓阿，以不死树作为食物。

大荒之中，有山名曰去痓[①]。南极果，北不成，去痓果。

【注释】

①去痓（zhì）：古山名。

【译文】

在大荒当中，有座山叫去痓山。在山的南边能结果，在山的北边则不能结果，这就是去痓这种植物。

南海渚中，有神，人面，珥两青蛇，践两赤蛇，曰不廷胡余。

【译文】

在南海的岛屿上，有一位神，长着人的面孔，耳朵上穿挂着两条青蛇，脚底下踩踏着两条红蛇，他的名字叫不廷胡余。

有神名曰因因乎——南方曰因乎，来风曰乎民——处南极以出入风。

【译文】

有个神名叫因因乎——南方人称他为因乎，从南方吹来的风称作民，他处在大地的南极，掌控着风起风停。

有襄山。又有重阴之山。有人食兽，曰季厘。帝俊生季厘，故曰季厘之国。有缗渊。少昊生倍伐，倍伐降处缗渊[①]。有水四方，名曰俊坛。

【注释】

①缗（mín）渊：深渊名。

【译文】

有座山叫襄山。又有座山叫重阴山。有人在吞食野兽肉，他的名字叫季厘。季厘是帝俊的后裔，所以称作季厘国。有一个缗渊。倍伐是少昊的后裔，倍伐被贬后住在缗渊。有一个水池呈四方形，叫作俊坛。

有臷民之国[①]。帝舜生无淫，降臷处，是谓巫臷民。巫臷民朌[②]姓，食谷，不绩不经[③]，服也；不稼不穑[④]，食也。爰有歌舞之鸟，鸾鸟自歌，凤鸟自舞。爰有百兽，相群爰处。百谷所聚。

【注释】

①臷（zhí）民之国：古国名。

②朌（fén）：头大的样子，这里指姓氏。

③不绩不经：绩，把麻搓捻成线或绳。经，织布时用梭穿织的竖纱，编织物的纵线。这里都指纺织。

④穑（sè）：收割谷物，泛指耕作。

【译文】

有个国家叫䣚民国。无淫是帝舜的后裔，他被贬后住在䣚，他的后裔就是所谓的巫䣚民。巫䣚民都姓朌，以各种农作物为食，不从事纺织，自然有衣服穿；不从事耕种，自然有粮食吃。这里有能歌善舞的鸟，鸾鸟自由自在地歌唱，凤鸟自由自在地舞蹈。这里又有各种各样的野兽，它们群居在这里。这里是各种农作物会聚的地方。

大荒之中，有山名曰融天，海水南入焉。

【译文】

在大荒当中，有座山叫融天山，海水从南面流过这座山。

有人曰凿齿，羿杀之。

【译文】

有一个神人叫凿齿，后羿杀死了他。

有蜮[①]山者，有蜮民之国，桑姓，食黍，射蜮是食。有人方扜[②]弓射黄蛇，名曰蜮人。

【注释】

①蜮（yù）：传说中一种在水里暗中害人的怪物，口含沙粒射人的影子，被射中影子的会生病。

②扜（yū）：拉，张。

【译文】

有座山叫蜮山，山上有个国家叫蜮民国，国民都姓桑，以黄米作为食物，也吃射死的蜮。有人正在拉弓射杀黄蛇，他的名字叫蜮人。

有宋山者，有赤蛇，名曰育蛇。有木生山上，名曰枫木。枫木，蚩尤所弃其桎梏，是为枫木。

【译文】

有座山叫宋山，山中有一种红蛇，名字叫育蛇。山上还有一种树，名字叫枫木。枫木是蚩尤丢掉的身上的刑具所变化而成的一种树。

有人方齿虎尾，名曰祖状之尸。

【译文】

有个神人正在咬老虎的尾巴，他的名字叫祖状尸。

有小人，名曰焦侥之国，幾[①]姓，嘉谷是食。

【注释】

①幾（jī）：这里指姓氏。

【译文】

有个由小人组成的国家，叫焦侥国（周饶国），国民都姓幾，吃的是优良谷米。

大荒之中，有山名㱙涂[①]之山，青水穷焉。有云雨之山，有木名曰栾。禹攻[②]云雨，有赤石焉生栾，黄本，赤枝，青叶，群帝焉取药。

【注释】

①㱙（xiǔ）涂：古山名。

②攻：这里指砍伐林木。

【译文】

在大荒当中，有座山叫㱙涂山，青水最终流到这里。有座山叫云雨山，山上有一种树叫栾树。大禹在云雨山砍伐树木时，发现红色岩石上忽然生长出这种栾树，它是黄色的树干，红色的枝杈，青色的叶子，天帝们都到这里来取仙药。

有国曰伯服，颛顼生伯服，食黍。有鼬姓之国。有苕山。又有宗山。又有姓山。又有壑山。又有陈州山。又有东州山。又有白水山，白水出焉，而生白渊，昆吾[①]之师所浴也。

【注释】

①昆吾：传说是上古时的一个诸侯。

【译文】

有个国家叫伯服国，伯服是颛顼的后裔，那里的人以黄米为食。有个国家叫鼬姓国。有座山叫苕山，又有座山叫宗山。又有座山叫姓山。又有座山叫壑山。又有座山叫陈州山。又有座山叫东州山。还有座山叫白水山，白水从这里发源，然后汇聚成为白渊，白渊是昆吾的师父洗澡的地方。

有人名曰张弘，在海上捕鱼。海中有张弘之国，食鱼，使四鸟。

【译文】

有个人叫张弘，在海上捕鱼。海上有个国家叫张弘国，那里的人把鱼作为食物，能够驱使四种野兽。

有人焉，鸟喙，有翼，方捕鱼于海。大荒之中，有人名曰驩头[①]。鲧[②]妻士敬，士敬子曰炎融，生驩头。驩头人面鸟喙，有翼，食海中鱼，杖翼而行。维宜芑[③]苣，穋[④]杨是食。有驩头之国。

【注释】

①驩头：就是所说的讙头、讙朱、丹朱等。

②鲧（gǔn）：上古舜时代的一个大臣，也是禹的父亲。

③芑（qǐ）：粱、黍一类的农作物。

④穋（lù）：后种先熟的谷类。

【译文】

有一种人，长着鸟嘴，生有翅膀，正在海上捕鱼。在大荒当中，有个人名叫驩头。鲧的妻子是士敬，士敬的儿子叫炎融，驩头是炎融的后裔。驩头长着人的面孔，鸟的嘴巴，生有翅膀，吃海中的鱼，把翅膀当作支撑在地面行走。也把芑、苣、穋和杨树叶当作食物来吃。有个国家叫驩头国。

帝尧、帝喾、帝舜葬于岳山。爰有文贝、离俞、鸱久、鹰、贾、延维、视肉、熊、罴、虎、豹；朱木，赤枝、青华、玄实。有申山者。

【译文】

帝尧、帝喾、帝舜都被埋葬在岳山。这里有花斑贝、三足乌、鹞鹰、老鹰、乌鸦、两头蛇、视肉、熊、罴、虎、豹；还有朱木树，它有红色的枝干、青色的花朵、黑色的果实。有座山叫申山。

大荒之中，有山名曰天台，海水南入焉。

【译文】

在大荒当中，有座山叫天台，海水从山的南面流进。

有盖犹之山者，其上有甘柤，枝干皆赤，黄叶，白华，黑实。东又有甘华，枝干皆赤，黄叶。有青马。有赤马，名曰三骓。有视肉。

【译文】

有座山叫盖犹山，山上有甘柤树，它的枝杈和树干全是红色，叶子是黄色，花朵是白色，果实是黑色。在山的东面还有甘华树，它的枝杈和树干全是红色，叶子黄色。山上还有青马。还有一种红马，名叫三骓。还有视肉。

有小人，名曰菌人。

【译文】

有一种十分矮小的人，名字叫菌人。

有南类之山，爰有遗玉、青马、三骓、视肉、甘华，百谷所在。

【译文】

有座山叫南类山，这里有遗玉、青马、三骓、视肉、甘华树，是各种农作物生长的地方。

大荒西经第十六

西北海之外，大荒之隅，有山而不合，名曰不周，有两黄兽守之。有水曰寒暑之水。水西有湿山，水东有幕山。有禹攻共工国山。

【译文】

在西北海以外，大荒的一个角落，有座山不能合拢，叫作不周山，有两头黄色的野兽守护着它。有一条水流名叫寒暑水。寒暑水的西面有座山叫湿山，寒暑水的东面有座山叫幕山。还有一座山叫禹攻共工国山。

有国名曰淑士，颛顼之子。

【译文】

有个国家名叫淑士国，这里的人是颛顼的后裔。

有神十人，名曰女娲之肠，化为神，处栗广之野，横道而处。

【译文】

有十个神人，名叫女娲肠，他们是女娲的肠子变化成神的，在叫作栗广的原野上，他们就像肠子一样拦断道路而居住。

有人名曰石夷——西方曰夷，来风曰韦——处西北隅以司日月之长短。

【译文】

有位神人名叫石夷，西方的人叫他夷，从西方吹来的风叫作韦，石夷住在大地的西北角，掌管着太阳和月亮升起落下的时间长短。

有五采之鸟，有冠，名曰狂鸟。

【译文】

有一种长着五彩羽毛的鸟，它的头上有冠，这种鸟名叫狂鸟。

有大泽之长山，有白民之国。

【译文】

有座山叫大泽长山，那里有个国家叫白民国。

西北海之外，赤水之东，有长胫之国。

【译文】

在西北海之外，赤水的东面，有个国家叫长胫国。

有西周之国，姬姓，食谷。有人方耕，名曰叔均。帝俊生后稷，稷降以百谷。稷之弟曰台玺，生叔均。叔均是代其父及稷播百谷，始作耕。有赤国妻氏。有双山。

【译文】

有个国家叫西周国，国民都姓姬，以各种农作物为食。有个人正在耕田，名叫叔均。后稷是帝俊的后裔，他把各种农作物的种子带到人间。后稷的弟弟叫台玺，叔均是台玺的后裔。叔均代替父亲和后稷播种各种农作物，创造了耕田的方法。还有个国家叫赤国妻氏国。还有座山叫双山。

西海之外，大荒之中，有方山者，上有青树，名曰柜格之松[①]，日月所出入也。

【注释】

①柜（jǔ）格之松：古树名。

【译文】

在西海之外、大荒之中，有座山叫方山，山上有棵青树，名叫柜格松，太阳和月亮从这里出入。

西北海之外，赤水之西，有天民之国，食谷，使四鸟。

【译文】

在西北海之外，赤水的西岸，有个国家叫先民国，这里的人吃各种农作物，能够驱使四种野兽。

有北狄之国。黄帝之孙曰始均，始均生北狄。

【译文】

有个国家叫北狄国。黄帝的孙子叫始均，始均的后裔是北狄国的国民。

有芒山。有桂山。有榣山。其上有人，号曰太子长琴。颛顼生老童，老童生祝融，祝融生太子长琴，是处榣山，始作乐风。

【译文】

有座山叫芒山。有座山叫桂山。有座山叫榣山，山上有一个人，号称太子长琴。老童是颛顼的后裔，祝融是老童的后裔，太子长琴是祝融的后裔，他居住在榣山上，创造了音乐。

有五采鸟三名：一曰皇鸟，一曰鸾鸟，一曰凤鸟。

【译文】

有三种长着彩色羽毛的鸟：一种叫皇鸟，一种叫鸾鸟，一种叫凤鸟。

有虫①状如菟②，胸以后者裸不见，青如猨状。

【注释】

①虫：指野兽，古代鸟兽都可以称作虫。

②菟：通“兔”。

【译文】

有一种野兽的形状与兔子相似，胸脯以后全露着而分辨不出来，这是因为它的皮毛青得像猿猴，把裸露的部分遮住了。

大荒之中，有山名曰丰沮玉门，日月所入。

【译文】

在大荒之中，有座山叫丰沮玉门山，太阳和月亮在这里降落。

有灵山，巫咸、巫即、巫朌、巫彭、巫姑、巫真、巫礼、巫抵、巫谢、巫罗十巫，从此升降，百药爰在。

【译文】

有座山叫灵山，有巫咸、巫即、巫朌、巫彭、巫姑、巫真、巫礼、巫抵、巫谢、巫罗十个巫师，从这座山升到天上和下到世间，各种药物在这里生长。

有西王母之山、壑山、海山。有沃民之国，沃民是处。沃之野，凤鸟之卵是食，甘露是饮。凡其所欲，其味尽存。爰有甘华、甘柤、白柳、视肉、三骓、璇瑰、瑶碧、白木、琅玕、白丹[1]、青丹，多银、铁。鸾鸟自歌，凤鸟自舞，爰有百兽，相群是处，是谓沃之野。

【注释】

①白丹：一种可制作白色染料的自然矿物。

【译文】

有西王母山、壑山、海山。有个国家叫沃民国，沃民便居住在这里。生活在沃野的人，以凤鸟的蛋为食，喝的是天降的甘露。凡是他们心里想要的美味，在这里都有。这里还有甘华树、甘柤树、白柳树，视肉、三骓马、璇瑰玉石、瑶碧玉石、白木树、琅玕树、白丹、青丹，盛产银和铁。鸾鸟自由自在地歌唱，凤鸟自由自在地舞蹈，这里还有各种野兽，它们群居相处，所以称为沃野。

有三青鸟，赤首黑目，一名曰大鵹[1]，一名曰少鵹，一名曰青鸟。

【注释】

①鵹（lí）：古鸟名。

【译文】

有三只青色的鸟，它们有红色的脑袋、黑色的眼睛，一只叫大鵹，一只叫少鵹，一只叫青鸟。

有轩辕之台，射者不敢西乡，畏轩辕之台。

【译文】

有一座轩辕台，射箭的人都不敢向西射，因为敬畏轩辕台上黄帝的神灵。

大荒之中，有龙山，日月所入。

【译文】

大荒之中，有座山叫龙山，太阳和月亮在这里降落。

有三泽水，名曰三淖[①]，昆吾之所食也。

【注释】

①淖（nào）：烂泥，泥沼。

【译文】

有三股水泽汇集在一起，名叫三淖，这里是昆吾族人取得食物的地方。

有人衣青，以袂[①]蔽面，名曰女丑之尸。

【注释】

①袂（mèi）：衣服的袖子。

【译文】

有个人穿着青色衣服，用袖子遮住面孔，名叫女丑尸。

有女子之国。

【译文】

有个国家叫女子国。

有桃山。有虻山[①]。有桂山。有于土山。

【注释】

①虻（méng）山：古山名。

【译文】

有座山叫桃山。有座山叫宝山。有座山叫桂山。有座山叫于土山。

有丈夫之国。

【译文】

有个国家叫丈夫国。

有弇州之山[①]，五采之鸟仰天，名曰鸣鸟。爰有百乐歌儛之风。

【注释】

①弇（yǎn）州之山：古山名。

【译文】

有座山叫弇州山，山上有一种长着五彩羽毛的鸟，喜欢仰头向天鸣叫，这种鸟名叫鸣鸟。这里风行各种各样的乐曲和歌舞。

有轩辕之国。江山之南栖为吉，不寿者乃八百岁。

【译文】

有个国家叫轩辕国。那里的人把居住在江河山岭的南边当作吉利，寿命不长的人也能活到八百岁。

西海陼[①]中，有神，人面鸟身，珥两青蛇，践两赤蛇，名曰弇兹。

【注释】

①陼：同“渚”，水中小洲。

【译文】

在西海的岛屿上，有一个神人，长着人的面孔、鸟的身子，耳朵上穿挂着两条青蛇，脚底下踩踏着两条红蛇，他的名字叫弇兹。

大荒之中，有山名曰日月山，天枢也。吴姖天门，日月所入。有神，人面无臂，两足反属[①]于头上，名曰嘘。颛顼生老童，老童生重及黎，帝令重献上天，令黎印[②]下地，下地是生噎，处于西极，以行日月星辰之行次。

【注释】

①属（zhǔ）：连接。

②印：通“抑”，抑压，按下之意。

【译文】

大荒之中，有座山叫日月山，这里是天的枢纽。这座山的主峰是吴姖天门山，太阳和月亮在这里降落。有一个神人，长着人的面孔，但没有臂膀，两只脚反转地连接在头顶，他的名字叫嘘。老童是颛顼的后裔，重和黎是老童的后裔，天帝命令重托着天用力往上举，又命令黎撑着地使劲朝下按。黎来到下界生了噎，噎居住在大地的最西端，主管着太阳、月亮和星辰运行的先后次序。

有人反臂，名曰天虞。

【译文】

有个人双臂反着长，他的名字叫天虞。

有女子方浴月。帝俊妻常羲，生月十二，此始浴之。

【译文】

有个女子正在给月亮洗澡。帝俊的妻子叫常羲，她生了十二个月亮，此后开始给月亮洗澡。

有玄丹之山。有五色之鸟，人面有发。爰有青鸾[①]、黄鹜[②]，青鸟、黄鸟，其所集者其国亡。

【注释】

①青鸾（wén）：古鸟名。

②黄鹜（áo）：古鸟名。

【译文】

有座山叫玄丹山。在山上有一种长着五彩羽毛的鸟，它长着人的面孔而且有头发。这里还有青鸾、黄鹜，也就是青鸟、黄鸟一类的鸟，它们在哪个国家聚集，哪个国家就会有亡国之灾。

有池，名孟翼之攻颛顼之池。

【译文】

有一个水池，叫作孟翼攻颛顼池。

大荒之中，有山名曰鏖鏊钜[①]，日月所入者。

【注释】

①鏖鏊钜（áo ào jù）：古山名。

【译文】

大荒之中，有座山叫鏖鏊钜山，太阳和月亮在这里降落。

有兽，左右有首，名曰屏蓬。

【译文】

有一种野兽，左边和右边各长着一个脑袋，它的名字叫屏蓬。

有巫山者。有壑山者。有金门之山，有人名曰黄姖之尸。有比翼之鸟。有白鸟，青翼、黄尾、玄喙。有赤犬，名曰天犬，其所下者有兵。

【译文】

有座山叫巫山。有座山叫壑山。还有座山叫金门山，山上有个人叫作黄姖尸。山中还有比翼鸟。有一种白鸟，长着青色的翅膀，黄色的尾巴，黑色的鸟喙。有一种红色的狗，名叫天犬，它到哪里，哪里就会发生战乱。

西海之南，流沙之滨，赤水之后，黑水之前，有大山，名曰昆仑之丘。有神——人面虎身，有文有尾，皆白——处之。其下有弱水之渊环之，其外有炎火之山，投物辄然[①]。有人戴胜，虎齿，有豹尾，穴处，名曰西王母。此山万物尽有。

【注释】

①辄然：辄，即，就。然，“燃”的本字，燃烧。

【译文】

在西海的南面，流沙的边沿，赤水的后面，黑水的前面，屹立着一座大山，它叫作昆仑山。有一个神人，长着人的面孔、老虎的身子，身上有花纹，有尾巴，上面有许多白色斑点，住在昆仑山上。昆仑山的周围，被弱水汇聚的深渊环绕着。深渊的外边有座山叫炎火山，一投进东西就会燃烧。有个神人头戴玉制首饰，嘴里长满老虎牙齿，拖着一条豹的尾巴，住在洞穴中，名字叫作西王母。这座山中世间万物应有尽有。

大荒之中，有山名曰常阳之山，日月所入。

【译文】

在大荒之中，有座山叫常阳山，太阳和月亮在这里降落。

有寒荒之国。有二人女祭、女薎。

【译文】

有个国家叫寒荒国。这里有两个神人分别叫女祭、女薎。

有寿麻之国。南岳娶州山女，名曰女虔。女虔生季格，季格生寿麻。寿麻正立无景[①]，疾呼无响。爰有大暑，不可以往。

【注释】

①景（yǐng）：同“影”，影子。

【译文】

有个国家叫寿麻国。南岳娶了州山的女儿，她的名字叫女虔。季格是女虔后裔，寿麻是季格后裔。寿麻正站在太阳下也没有影子，向四方高声疾呼却没有回响。这里异常炎热，人不能够前往。

有人无首，操戈盾立，名曰夏耕之尸。故成汤伐夏桀于章山，克之，斩耕厥前。耕既立，无首，走[①]厥咎，乃降于巫山。

【注释】

①走（zǒu）：“走”的本字，逃避的意思。

【译文】

有个人没有脑袋，手握长矛和盾牌站立着，他的名字叫夏耕尸。从前成汤在章山讨伐夏桀时，打败了夏桀，斩杀夏耕尸在他的面前。夏耕尸站起后，发觉自己没有脑袋了，为逃避他的罪咎，就跑到了巫山。

有人名曰吴回，奇[①]左，是无右臂。

【注释】

①奇：单数。这里指与配偶事物相对而言的单个事物。

【译文】

有个人名叫吴回，只剩下左臂，而没有右臂。

有盖山之国。有树，赤皮支干，青叶，名曰朱木。

【译文】

有个国家叫盖山国。那里有一种树，长着红色的树干和树枝，青色的叶子，被叫作朱木。

有一臂民。

【译文】

只长一只胳膊的人被叫作一臂民。

大荒之中，有山名曰大荒之山，日月所入。有人焉三面，是颛顼之子，三面一臂，三面之人不死，是谓大荒之野。

【译文】

大荒之中，有一座山叫大荒山，太阳和月亮在这里降落。这有一种人，头部的前面及左右各长着一张脸，只有一只胳膊，他们是颛顼的后裔，有三张脸和一条胳膊，这种三面人能长生不死。这里就是所谓的大荒野。

西南海之外，赤水之南，流沙之西，有人珥两青蛇，乘两龙，名曰夏后开①。开上三嫔②于天，得《九辩》与《九歌》以下。此天穆之野，高二千仞，开焉得始歌《九招》。

【注释】

①夏后开：即上文所说的夏启。因为汉朝人避汉景帝刘启的名

讳，就改“启”为“开”。

②嫔：“嫔”“宾”在古字中通用。这里作为动词，意思是做客。

【译文】

在西南海之外，赤水的南面，流沙的西面，有个人耳朵上穿挂着两条青蛇，乘驾着两条龙，他的名字叫夏启。夏启曾三次到天帝那里做客，得到天帝的乐曲《九辩》和《九歌》后回到人间。这里就是天穆野，高达二千仞，从夏启开始，人们才开始演唱《九招》。

有氐人之国。炎帝之孙名曰灵恝[①]，灵恝生氐人，是能上下于天。

【注释】

①灵恝（jiá）：神话传说中的神名。

【译文】

有个国家叫氐人国。炎帝的孙子名叫灵恝，氐人就是灵恝的后裔，那里的人能往返于天界和人间。

有鱼偏枯，名曰鱼妇，颛顼死即复苏。风道北来，天乃大水泉，蛇乃化为鱼，是为鱼妇。颛顼死即复苏。

【译文】

有一种鱼的身子半边干枯，叫作鱼妇，是颛顼死后又立即苏醒而变化的。风从北方吹来，泉水被风从地下吹了起来，蛇于是变化成为鱼，这就是所谓的鱼妇。而死去的颛顼就是趁蛇鱼变化未定的时候，将生命寄托在鱼里，并重新复苏的。

有青鸟，身黄，赤足，六首，名曰䗉鸟[①]。

【注释】

①鸀（chù）鸟：古鸟名。

【译文】

有一种青鸟，身子是黄色的，爪子是红色的，长着六个脑袋，名字叫鸀鸟。

有大巫山。有金之山。西南，大荒之隅，有偏句、常羊之山。

【译文】

有座山叫大巫山。有座山叫金山。在西南方，大荒的一个角落，有偏句山、常羊山。

大荒北经第十七

东北海之外，大荒之中，河水之间，附禺之山，帝颛顼与九嫔葬焉。爰有鸱久、文贝、离俞、鸾鸟、凤鸟、大物、小物[①]。有青鸟、琅鸟、玄鸟、黄鸟、虎、豹、熊、罴、黄蛇、视肉、璿、瑰、瑶、碧，皆出于山。卫丘方员三百里，丘南帝俊竹林在焉，大可为舟。竹南有赤泽水，名曰封渊，有三桑无枝，皆高百仞。丘西有沈渊，颛顼所浴。

【注释】

①大物、小物：指殉葬的大小用具物品。

【译文】

在东北海之外，大荒之中，黄河水流过的地方，有座山叫附禺山，颛顼帝和他的九个妃嫔就埋葬在这里。这里有鹞鹰、花斑贝、离朱鸟、鸾鸟、凤鸟、大小殉葬物品。青鸟、琅鸟、燕子、黄鸟、老虎、豹子、熊、罴、黄蛇、视肉、璿瑰玉石、瑶碧玉石，这些都产于这座山。卫丘方圆三百里，卫丘南面有帝俊的竹林，竹子大得可以做船。竹林的南面有红色的湖水，名叫封渊。那里有三棵没有枝杈的桑树，都高达百仞。卫丘的西面有个沉渊，是颛顼帝洗澡的地方。

有胡不与之国，烈姓，黍食。

【译文】

有个国家叫胡不与国，那里的人都姓烈，以黄米为食。

大荒之中，有山，名曰不咸。有肃慎氏之国。有蜚蛭[①]，四翼。有虫[②]，兽首蛇身，名曰琴虫。

【注释】

①蜚蛭（fēi zhì）：蜚通“飞”。蛭是环节动物，有好几种，如水蛭、山蛭等。

②虫：这里指蛇。

【译文】

大荒之中，有座山叫不咸山。有个国家叫肃慎氏国。有一种能飞的蛭，长着四只翅膀。有一种蛇，长着野兽的脑袋和蛇的身子，名叫琴虫。

有人名曰大人。有大人之国，釐[①]姓，黍食。有大青蛇，黄头，食麈。

【注释】

①釐（xī）：姓氏。

【译文】

有一种人名叫大人。有个国家叫大人国，那里的人都姓釐，以黄米为食。有一种大青蛇，长着黄色的脑袋，能吞食麈。

有榆山。有鲧攻程州之山。

【译文】

有座山叫榆山。有座山叫鲧攻程州山。

大荒之中，有山名曰衡天。有先民之山。有槃木[①]千里。

【注释】

①槃（pán）木：盘曲的大树。

【译文】

大荒之中，有座山叫衡天山。还有座山叫先民山。有一棵盘曲的树木占地千里。

有叔歜国[①]，颛顼之子，黍食，使四鸟：虎、豹、熊、罴。有黑虫如熊状，名曰猎猎[②]。

【注释】

①叔歜（chù）国：古国名。

②猎猎：动物名。

【译文】

有个国家叫叔歜国，那里的人是颛顼的后裔，以黄米为食，能驱使四种野兽：老虎、豹子、熊和罴。有一种黑色的野兽和熊相似，名叫猎猎。

有北齐之国，姜姓，使虎、豹、熊、罴。

【译文】

有个国家叫北齐国，那里的人都姓姜，能驱使老虎、豹子、熊和罴。

大荒之中，有山名曰先槛大逢之山，河济所入，海北注焉。其西有山，名曰禹所积石。

【译文】

大荒当中，有座山叫先槛大逢山，是黄河水和济水流经之地，海水从北面灌注到这里。它的西边也有座山，名叫禹所积石山。

有阳山者。有顺山者，顺水出焉。有始州之国，有丹山。

【译文】

有座山叫阳山。有座山叫顺山，顺水从这里发源。有个国家叫始州国，那里有座山叫丹山。

有大泽方千里，群鸟所解。

【译文】

有一大泽方圆千里，是各种禽鸟脱去旧羽毛再生新羽毛的地方。

有毛民之国，依姓，食黍，使四鸟。禹生均国，均国生役采，役采生修鞈，修鞈[1]杀绰人。帝念之，潜为之国，是此毛民。

【注释】

①修鞈（gé）：人名。

【译文】

有个国家叫毛民国，那里的人都姓依，以黄米为食，能驱使四种野兽。均国是大禹的后裔，役采是均国的后裔，修鞈是役采的后裔，修鞈杀死了绰人。大禹怜悯绰人，暗中帮绰人的后裔重建国家，这就是毛民国。

有儋耳之国[1]，任姓，禺号子，食谷。北海之渚中，有神，人面鸟身，珥两青蛇，践两赤蛇，名曰禺强。

【注释】

①儋（dān）耳之国：古国名。

【译文】

有个国家叫儋耳国，那里的人都姓任，是禺号的后裔，以各种农作物为食。在北海的岛屿上，有一个神人，长着人的面孔、鸟的身子，耳朵上穿挂着两条青蛇，脚底下踩踏着两条红蛇，名叫禺强。

大荒之中，有山名曰北极天柜，海水北注焉。有神，九首人面鸟身，名曰九凤。又有神，衔蛇操蛇，其状虎首人身，四蹄长肘，名曰强良。

【译文】

大荒之中，有座山名叫北极天柜山，海水从北面灌注到这里。有一个神人，长着九个脑袋，每个脑袋都是人的面孔，鸟的身子，名叫九凤。又有一个神人，嘴里衔着蛇，手中握着蛇，长着老虎的脑袋、人的身体，有四只蹄子和长长的臂肘，名叫强良。

大荒之中，有山名曰成都载天。有人珥两黄蛇，把两黄蛇，名曰夸父。后土生信，信生夸父。夸父不量力，欲追日景，逮之于禺谷。将饮河而不足也，将走大泽，未至，死于此。应龙已杀蚩尤，又杀夸父[①]，乃去南方处之，故南方多雨。

【注释】

①又杀夸父：先说夸父因追太阳而死，后又说夸父被应龙杀死，这是神话传说中的分歧。

【译文】

大荒之中，有座山叫成都载天山。有一个人耳朵上穿挂着两条黄蛇，手上握着两条黄蛇，名叫夸父。信是后土的后裔，夸父是信的后裔。夸父自不量力，想要追赶太阳的光影，打算在禺谷追上它。夸父想喝水解渴，喝干了黄河的水却还不能解渴，于是他想去喝大泽的水，还未走到，便渴死在成都载天山。应龙杀了蚩尤后，又杀了夸父，他因神力耗尽上不了天，就去南方居住，所以南方的雨水特别多。

又有无肠之国，是任姓。无继[①]子，食鱼。

【注释】

①无继：即上文所说的无启国。无启本应没有子孙后代，但这里说无肠国人是无启国人的后裔，不知何故。

【译文】

又有个国家叫无肠国，那里的人都姓任。他们是无继国的后裔，以鱼为食。

共工之臣名曰相繇，九首蛇身，自环，食于九山。其所歍[①]所尼[②]，即为源泽，不辛乃苦，百兽莫能处。禹湮洪水，杀相繇，其血腥臭，不可生谷，其地多水，不可居也。禹湮之，三仞三沮，乃以为池，群帝因是以为台。在昆仑之北。

【注释】

①歍：呕吐。

②尼：止。

【译文】

共工有一位臣子叫相繇，长了九个头，身体像蛇一样盘旋成一团，霸占九座神山的食物供其食用。他所呕吐和停留的地方，就会变成大沼泽，味道不是辛辣就是很苦，各种野兽都不能居住。大禹堵塞洪水时，杀死了相繇，相繇的血又腥又臭，以致他死亡之地不能种植谷物，当地还经常出现水灾，人不能够居住。大禹堵塞了那些土地，多次堵住，又多次塌陷，于是形成了大水塘，诸帝用挖出来的土建成祭台。祭台在昆仑山的北面。

有岳之山，寻竹生焉。

【译文】

有座山叫岳山，寻竹就在这里生长。

大荒之中，有山名曰不句，海水北入焉。

【译文】

大荒之中，有座山叫不句山，海水从北面灌注到这里。

有系昆之山者，有共工之台，射者不敢北乡。有人衣青衣，名曰黄帝女魃[①]。蚩尤作兵伐黄帝，黄帝乃令应龙攻之冀州之野。应龙畜水，蚩尤请风伯雨师，纵大风雨。黄帝乃下天女曰魃，雨止，遂杀蚩尤。魃不得复上，所居不雨。叔均言之帝，后置之赤水之北。叔均乃为田祖[②]。魃时亡之。所欲逐之者，令曰："神北行[③]！"先除水道，决通沟渎。

【注释】

①女魃（bá）：亦作"女妭"，神话中的旱神。

②田祖：主管田地之神。

③北行：指回到赤水之北。

【译文】

有座山叫系昆山，山上有共工台，射箭的人因敬畏共工的神灵而不敢朝北方射箭。有一个人穿着青色衣服，名叫黄帝女魃。蚩尤兴兵攻打黄帝，黄帝命令应龙到冀州的原野去攻打蚩尤。应龙蓄水备战，而蚩尤请来风伯和雨师，制造了一场大风雨。黄帝就降下名叫魃的天女助战，风雨就被止住了，于是应龙得以杀死蚩尤。女魃因神力耗尽而不能再回到天上，她居住的地方总不下雨。叔均将此事禀报给黄帝，后来黄帝就把女魃迁徙到赤水的北面。叔均成了主管田地的神。女魃经常逃亡。想要将她赶走的人，便大声祷告："神啊，请回赤水北边去吧！"祷告之前要先清理水道，疏通大小沟渠。

有人方食鱼，名曰深目民之国，昐[①]姓，食鱼。

【注释】

①昐（fēn）：姓氏。

【译文】

有人正在吃鱼，这个国家叫深目民国，这里的人都姓昐，以鱼为食。

有钟山者。有女子衣青衣，名曰赤水女子魃。

【译文】

有座山叫钟山。有一个穿青色衣服的女子，名叫赤水女子魃。

大荒之中，有山名曰融父山，顺水入焉。有人名曰犬戎。黄帝生苗龙，苗龙生融吾，融吾生弄明，弄明生白犬，白犬有牝牡[①]，是为犬戎，肉食。有赤兽，马状无首，名曰戎宣王尸。

【注释】

①牝牡（pìn mǔ）：泛指与阴阳有关的如雌雄、男女等，这里指公母。

【译文】

大荒当中，有座山叫融父山，顺水流入这里。有一种人名叫犬戎。苗龙是黄帝的后裔，融吾是苗龙的后裔，弄明是融吾的后裔，白犬是弄明的后裔，白犬有一公一母，便生成犬戎族人，他们吃肉类食物。有一种红色的野兽，形状像马却没有脑袋，名叫戎宣王尸。

有山名曰齐州之山、君山、鬵山[①]、鲜野山、鱼山。

【注释】

①鬵（qiǎn）山：古山名。

【译文】

有几座山分别叫齐州山、君山、鬵山、鲜野山、鱼山。

有人一目，当面中生。一曰是威姓，少昊之子，食黍。

【译文】

有一种人只有一只眼睛，长在面孔的中间。还有一种说法认为他们姓威，是少昊的后裔，以黄米为食。

有无继民，无继民任姓，无骨子，食气、鱼。

【译文】

有一种人叫作无继民，无继民都姓任，是无骨民的后裔，以空气和鱼为食。

西北海外，流沙之东，有国名曰中辐[①]，颛顼之子，食黍。

【注释】

①中辐（biǎn）：古国名。

【译文】

在西北方的海外，流沙的东面，有个国家叫中辐国，那里的人是颛顼的后裔，以黄米为食。

有国名曰赖丘。有犬戎国。有人，人面兽身，名曰犬戎。

【译文】

有个国家叫赖丘国。还有个国家叫犬戎国。有一种人，长着人的面孔、野兽的身子，名叫犬戎。

西北海外，黑水之北，有人有翼，名曰苗民。颛顼生驩头，驩头生苗民，苗民釐姓，食肉。有山名曰章山。

【译文】

在西北方的海外、黑水的北面，有一种人长着翅膀，名叫苗民。驩头是颛顼的后裔，苗民是驩头的后裔，苗民都姓釐，吃的是肉类食物。有一座山叫章山。

大荒之中，有衡石山、九阴山、灰野之山，上有赤树，青叶，赤华，名曰若木。

【译文】

大荒之中，有几座山分别叫衡石山、九阴山、灰野山，山上有一种红色树木，有青色的叶子和红色的花朵，这种树叫若木。

有牛黎之国。有人无骨，儋耳之子。

【译文】

有个国家叫牛黎国。那里的人没有骨头，是儋耳国人的后裔。

西北海之外，赤水之北，有章尾山。有神，人面蛇身而赤，身长千里，直目正乘[①]，其瞑乃晦，其视乃明，不食，不寝，不息，风雨是谒[②]。是烛九阴，是谓烛龙。

【注释】

①乘："朕"的假借音，缝隙。

②谒："噎"的假借音，这里是吞食、吞咽的意思。

【译文】

在西北海之外，赤水的北面，有座山叫章尾山。有一个神人，长着人的面孔、蛇的身子，遍体红色，身长可达千里，双眼立着生长并且中间有一条缝，他闭上眼睛天下就是黑夜、睁开眼睛天下就是白昼，他不吃饭不睡觉不呼吸，只以风雨为食。他能照耀一切阴暗的地方，所以称作烛龙。

海内经第十八

东海之内，北海之隅，有国名曰朝鲜、天毒，其人水居，偎人爱人。

【译文】

在东海之内，北海的一个角落，有个国家叫朝鲜，还有一个国家叫天毒国，天毒国的人傍水而居，慈爱待人。

西海之内，流沙之中，有国名曰壑市。

【译文】

在西海之内，流沙的中央，有个国家叫壑市国。

西海之内，流沙之西，有国名曰氾叶。

【译文】

在西海之内，流沙的西面，有个国家叫氾叶国。

流沙之西，有鸟山者，三水出焉。爰有黄金、璿瑰[①]、丹货、银铁，皆流于此中。又有淮山，好水出焉。

【注释】

①璿（xuán）瑰：美玉名。

【译文】

在流沙的西面，有座山叫鸟山，三条河流都从这里发源。这里有黄金、璿瑰玉、丹货、银铁，全部产于这些河的沿岸。还有座山叫淮山，好水从这里发源。

流沙之东，黑水之西，有朝云之国、司彘之国。黄帝妻雷祖，生昌意，昌意降处若水，生韩流。韩流擢首、谨耳、人面、豕喙，麟身、渠股①、豚止，取②淖子曰阿女，生帝颛顼。

【注释】

①渠股：今天所说的罗圈腿。

②取：通“娶”。

【译文】

在流沙的东面，黑水的西面，有国家叫朝云国、司彘国。黄帝的妻子叫雷祖，昌意是他的后裔。昌意从天上降到若水居住，生下韩流。韩流长着长长的脑袋、小小的耳朵、人的面孔、猪的长嘴、麒麟的身子、罗圈腿、小猪的蹄子，韩流娶淖子族中的阿女为妻，生下颛顼帝。

流沙之东，黑水之间，有山名不死之山。

【译文】

在流沙的东面，黑水流经的地方，有座山叫不死山。

华山青水之东，有山名曰肇山。有人名曰柏子高，柏子高上下于此，至于天。

【译文】

在华山青水的东面，有座山叫肇山。有个神人叫柏子高，柏子高在这里上上下下，直至到达天上。

西南黑水之间，有都广之野，后稷葬焉。其城方三百里，盖天地之中，素女所出也。爰有膏菽、膏稻、膏黍、膏稷，百谷自生，冬夏播琴。鸾鸟自歌，凤鸟自舞，灵寿实华，草木所聚。爰有百兽，相群爰处。此草也，冬夏不死。

【译文】

在西南方黑水流经的地方，有个地方叫都广野，后稷就被埋葬在这里。它的疆域方圆三百里，是天和地的中心，有名的神女素女便出现在这里，这里有膏菽、膏稻、膏黍、膏稷，各种谷物自然成长，冬夏都能播种。鸾鸟自由自在地歌唱，凤鸟自由自在地舞蹈，灵寿树开花结果，草木非常茂盛。这里还有各种野兽，群居相处。在这个地方生长的草，无论寒冬炎夏都不会枯死。

南海之内，黑水青水之间，有木名曰若木，若水出焉。

【译文】

在南海以内，黑水青水流经的地方，有一种树木叫若木，若水就从这里发源。

有禺中之国。有列襄之国。有灵山，有赤蛇在木上，名曰蝡蛇[①]，木食。

【注释】

①蝡（rú）蛇：一种红色的蛇。

【译文】

有个国家叫禺中国。有个国家叫列襄国。有座山叫灵山，山中有红色的蛇盘旋在树上，叫蝡蛇，它以树木为食。

有盐长之国。有人焉鸟首，名曰鸟氏。

【译文】

有个国家叫盐长国。这里的人长着鸟一样的脑袋，叫作鸟氏。

有九丘，以水络之：名曰陶唐之丘、叔得之丘、孟盈之丘、昆吾之丘、黑白之丘、赤望之丘、参卫之丘、武夫之丘、神民之丘。有木，青叶紫茎，玄华黄实，名曰建木，百仞无枝，上有九欘①，下有九枸②，其实如麻，其叶如芒，大皞③爰过，黄帝所为。

【注释】

①欘（zhú）：弯曲的树枝。

②枸：树根盘错。

③大皞：又叫太昊、太皓，即伏羲氏，传说中的上古帝王。

【译文】

有九座山丘，都被水环绕着，名字分别是叫陶唐丘、叔得丘、孟盈丘、昆吾丘、黑白丘、赤望丘、参卫丘、武夫丘、神民丘。有一种树木，长着青色的叶子，紫色的茎秆，黑色的花朵，黄色的果实，名叫建木，高达百仞，但是不长枝条，只在树顶上有很多蜿蜒曲折的树枝，树底下有很多盘旋交错的根节，它的果实像麻子，叶子像芒树叶，大皞凭借建木登上天界，那是黄帝制造的天梯。

有窫窳，龙首，是食人。有青兽，人面，名曰猩猩。

【译文】

有一种野兽叫窫窳，长着龙一样的脑袋，能够吃人。还有一种青色的野兽，长着人一样的面孔，名叫猩猩。

西南有巴国。大皞生咸鸟，咸鸟生乘厘，乘厘生后照，后照是始为巴人。

【译文】

西南方有个国家叫巴国。咸鸟是大皞的后裔，乘厘是咸鸟的后裔，后照是乘厘的后裔，后照就是巴国人的始祖。

有国名曰流黄辛氏，其域中方三百里，其出是麈。有巴遂山，渑水出焉。

【译文】

有个国家叫流黄辛氏国，它的疆域方圆三百里，这里出产麈。有座山叫巴遂山，渑水从这里发源。

又有朱卷之国。有黑蛇，青首，食象。

【译文】

又有个国家叫朱卷国。那里有一种黑色的蛇，长着青色的头，能吞食大象。

南方有赣巨人[①]，人面长唇，黑身有毛，反踵，见人则笑，唇蔽其面，因可逃也。

【注释】

①赣（gàn）巨人：传说中的怪人。

【译文】

南方有一种赣巨人，长着人的面孔，嘴唇很长，遍体漆黑，长满长毛，脚尖朝后而脚跟朝前，看见人就会发笑，嘴唇能遮住他的面孔，人就可以趁此逃走。

又有黑人，虎首鸟足，两手持蛇，方啖之。

【译文】

又有一种黑人，长着老虎一样的脑袋和禽鸟一样的爪子，两只手握着蛇，正在吞食它们。

有嬴[1]民，鸟足。有封豕。

【注释】

①嬴（yíng）：古姓氏。

【译文】

有一种人叫作嬴民，长着禽鸟一样的爪子。还有大野猪。

有人曰苗民。有神焉，人首蛇身，长如辕，左右有首，衣紫衣，冠旃[1]冠，名曰延维，人主得而飨[2]食之，伯[3]天下。

【注释】

①旃（zhān）：古代一种赤色曲柄的旗。

②飨（xiǎng）：祭祀。

③伯（bà）：古同"霸"，古代诸侯联盟的首领。

【译文】

有一种人叫苗民。苗民之地有一种神，长着人的脑袋和蛇的身子，身体很长，就像车辕，左右两边各长着一个脑袋，穿着紫色衣服，戴着红色帽子，名叫延维，君主得到它后加以奉飨祭祀，便可以称霸天下。

有鸾鸟自歌，凤鸟自舞。凤鸟首文曰"德"，翼文曰"顺"，膺文曰"仁"，背文曰"义"。见则天下和。

【译文】

有鸾鸟自由自在地歌唱，有凤鸟自由自在地舞蹈。凤鸟头上的花纹是"德"字，翅膀上的花纹是"顺"字，胸脯上的花纹是"仁"字，脊背上的花纹是"义"字，它一出现就会天下太平。

又有青兽如菟，名曰菌狗[1]。有翠鸟。有孔鸟[2]。

【注释】

①菌（jùn）狗：古兽名。菌，“菌”的古字。

②孔鸟：孔雀鸟。

【译文】

又有一种像兔子的青色野兽，名叫菌狗。有翠鸟。还有孔雀鸟。

南海之内，有衡山，有菌山，有桂山。有山名三天子之都。

【译文】

在南海以内，有座山叫衡山，有座山叫菌山，有座山叫桂山。还有座山叫三天子都山。

南方苍梧之丘，苍梧之渊，其中有九嶷山[①]，舜之所葬，在长沙零陵界中。

【注释】

①九嶷山：又名苍梧山，今位于湖南永州宁远城南六十里。

【译文】

南方有一片山丘叫苍梧丘，有个深渊叫苍梧渊，在苍梧丘和苍梧渊的中间有座山叫九嶷山，舜帝就葬在这里。九嶷山位于长沙零陵境内。

北海之内，有蛇山者，蛇水出焉，东入于海。有五采之鸟，飞蔽一乡，名曰翳鸟[①]。又有不距之山，巧倕葬其西。

【注释】

①翳（yì）鸟：传说是凤凰之类的鸟。

【译文】

在北海之内，有座山叫蛇山，蛇水从这里发源，然后向东流入大海。有一种长着五彩羽毛的鸟，群飞时能遮蔽一个乡村的天空，这种鸟名叫翳鸟。还有座山叫不距山，巧倕便葬在不距山的西面。

北海之内，有反缚盗械[①]、带戈常倍之佐，名曰相顾之尸。

【注释】

①盗械：古时凡因犯罪而被戴上刑具就称作盗械。

【译文】

在北海之内，有个人被反绑双手，身戴刑具，身上还佩带一把戈，他的名字叫相顾尸。

伯夷父生西岳，西岳生先龙，先龙是始生氐羌，氐羌乞姓。

【译文】

西岳是伯夷父的后裔，先龙是西岳的后裔，先龙的后裔就是氐羌，氐羌人都姓乞。

北海之内，有山，名曰幽都之山，黑水出焉。其上有玄鸟、玄蛇、玄豹、玄虎、玄狐蓬尾。有大玄之山。有玄丘之民。有大幽之国。有赤胫之民。

【译文】

在北海以内，有一座山叫幽都山，黑水从这里发源。山上有黑鸟、黑蛇、黑豹、黑虎，黑色狐狸尾巴上的毛发蓬松。有座山叫大玄山。有一种人叫玄丘民。有个国家叫大幽国。有一种人叫赤胫民。

有钉灵之国，其民从厀以下有毛，马蹄善走。

【译文】

有个国家叫钉灵国，这里的人膝盖以下的腿部都有毛，长着马蹄，善于快跑。

炎帝之孙伯陵，伯陵同①吴权之妻阿女缘妇，缘妇孕三年，是生鼓、延、殳②。殳始为侯。鼓、延是始为钟，为乐风。

【注释】

①同：通“通”，私通之意。

②殳（shū）：人名。

【译文】

炎帝的孙子叫伯陵，伯陵私通吴权的妻子阿女缘妇，阿女缘妇怀孕三年，这才生下鼓、延、殳三个孩子。殳最初发明了箭靶，鼓、延二人发明了钟，创作了乐曲和音律。

黄帝生骆明，骆明生白马，白马是为鲧。

【译文】

骆明是黄帝后裔，白马是骆明后裔，白马就是鲧。

帝俊生禺号，禺号生淫梁，淫梁生番禺，是始为舟。番禺生奚仲，奚仲生吉光，吉光是始以木为车。

【译文】

禺号是帝俊后裔，淫梁是禺号后裔，番禺是淫梁后裔，番禺最初发明了船。奚仲是番禺后裔，吉光是奚仲后裔，吉光最初用木头制作出车子。

少皞生般，般是始为弓矢。

【译文】

般是少皞的后裔，他发明了弓和箭。

帝俊赐羿彤弓素矰[①]，以扶下国，羿是始去恤下地之百艰。

【注释】

①彤（tóng）弓素矰（zēng）：都是礼器。彤，红色。矰，古代用来射鸟的拴着丝绳的短箭。

【译文】

帝俊赏赐给后羿红色的弓和白色的短箭，以便扶助天下邦国，后羿开始体恤下民，并去除天下各种困苦。

帝俊生晏龙，晏龙是为琴瑟。

【译文】

晏龙是帝俊的后裔，晏龙发明了琴和瑟两种乐器。

帝俊有子八人，是始为歌舞。

【译文】

帝俊有八个儿子，他们创作出歌曲和舞蹈。

帝俊生三身，三身生义均，义均是始为巧倕，是始作下民百巧。后稷是播百谷。稷之孙曰叔均，是始作牛耕。大比赤阴[①]，是始为国。禹、鲧是始布土，均定九州[②]。

【注释】

①大比赤阴：有学者认为可能是后稷的生母姜嫄。“比”大概为“妣”的讹文。妣，母亲。“赤阴”的古音与“姜嫄”相近。据古史传

说，后稷被封于邰地而建国，姜嫄即居住在这里，所以下面说“是始为国”。

②九州：相传大禹治理了洪水以后，把中原划分为九个行政区域，就是九州。

【译文】

三身是帝俊的后裔，义均是三身的后裔，义均便是世人所说的巧倕，巧倕开始教会人们各种工艺技巧。后稷播种各种农作物。后稷的孙子叫叔均，他最先使用牛耕田。后稷的母亲姜嫄最早建立了国家。大禹和鲧最早兴修水利，并划分了九州。

炎帝之妻，赤水之子听訞[①]生炎居。炎居生节并，节并生戏器，戏器生祝融。祝融降处于江水，生共工。共工生术器，术器首方颠，是复土壤，以处江水。共工生后土，后土生噎鸣，噎鸣生岁十有二。

【注释】

①听訞（yāo）：人名。

【译文】

炎帝的妻子，也就是赤水氏的女儿听訞生下炎居，节并是炎居的后裔，戏器是节并的后裔，祝融是戏器的后裔。祝融降临到江水居住，共工是他的后裔。术器是共工的后裔。术器的头呈方形，他恢复了祖先的土地，从而又住在江水。后土是共工的后裔，噎鸣是后土的后裔，噎鸣生了十二个月。

洪水滔天。鲧窃帝之息壤[①]以堙洪水，不待帝命。帝令祝融杀鲧于羽郊。鲧复生禹，帝乃命禹卒布土以定九州。

【注释】

①息壤：传说中一种能自己生长、永不耗减的土壤。

【译文】

到处都是漫天的大水。鲧偷拿天帝的息壤用来堵塞洪水，没有等待天帝的命令。天帝命令祝融把鲧杀死在羽山的郊野。禹从鲧的遗体肚腹中生出。天帝就命令禹再施行土工治理洪水，并划定了九州的区域。